全社で勝ち残る マーケティング・マネジメント

日沖 健 著
HIOKI Takeshi

もくじ

はじめに……*v*

第1章 マーケティングと経営　*1*

1　マーケティングの考え方……*3*
2　顧客価値の創造……*7*
3　マーケティング・マネジメント……*9*
4　マーケティング・プロセス……*13*

第2章 環境分析と市場創造　*21*

1　環境分析がマーケティングの出発点……*23*
2　外部環境分析……*27*
3　内部環境分析……*44*
4　環境分析の体系化……*48*
5　目標とターゲットの設定……*51*

i

第3章 マーケティング・ミックスの展開　59

1　マーケティング・ミックスへの具体化……*61*
2　商品（Product）……*64*
3　価格（Price）……*76*
4　チャネル（Place）……*86*
5　プロモーション（Promotion）……*99*

第4章 ブランド戦略　*109*

1　ブランド戦略の重要性……*111*
2　ブランドの構築と管理……*114*
3　ブランド経営……*120*

第5章 生産財のマーケティング　*125*

1　QCDからマーケティングへ……*128*
2　生産財の特徴とマーケィング……*129*
3　コモデティ化の波と戦う……*134*

第6章 サービス・マーケティング　　*141*

1　サービス・マーケティングへの着目……*143*
2　サービス・マーケティング戦略の確立……*146*
3　サービスの合理化……*148*

第7章 マーケティングの新しい展開　　*155*

1　IT化とマーケティング……*158*
2　グローバル・マーケティング……*164*
3　ソーシャル・マーケティング……*170*
4　顧客への接近と経験価値アプローチ……*176*

第8章 成果を生むマーケティング・マネジメント　　*185*

ポイント① マーケティングをベースにした組織文化を作る……*188*
ポイント② 顧客を見る、知識を広げる……*192*
ポイント③ 仮説を作り、試す……*195*
ポイント④ 意欲とマネジメント能力のあるリーダーを選ぶ……*198*
ポイント⑤ 活力と規律を両立させる……*203*

はじめに

マーケティングの時代

　市場（マーケット）の変化に対応し、顧客に価値を提供する活動のことをマーケティングという。

　長く日本企業には、「品質の良いものを作れば、黙っていても自然と売れる」という"品質神話"があり、マーケティングにあまり熱心ではなかった。しかし、生きていくのに必要なものはすでに揃い、各社が提供する商品の性能・品質に大きな差がなくなった状況で、品質の良さは顧客にとって最低条件に過ぎない。品質を超えて、顧客ニーズなどマーケットの変化を読み取り、的確・迅速に対応していくことが求められる。

　現代は、変化の激しい時代である。つい一昔前には破たん寸前だったアップルが、iPhoneやiPadなどのヒットで世界一の企業になったように、これから先どういう変化が生まれるのか、誰にも予測がつかない。

　大きな変化の時代、文字通り"大変な時代"に企業の盛衰を決めるのは、市場の変化に対応するマーケティングである。現代は"マーケティングの時代"である。

本書のねらいと対象読者

　本書は、マーケティングの基本理論・概念とビジネスへの応用を解説するビジネス実務書である。

　マーケティングでは、最終的に商品が売れることが大切だが、その売れる状態を作り出すには、理論・概念が重要だ。本書では、古典的な理論から最新の理論まで、マーケティング戦略を策定する上で重要なものを紹介

していく。

　もちろん、最終的に売れるためには、理論・概念を知るだけでなく、それを現場で使えることが大切だ。理論・概念が企業の現場でどのように使われているかという事例を紹介するとともに、実際にマーケティング戦略を考えていただくケースを用意している。

　本書の対象読者は、企業経営者・管理者、あるいはそうしたポジション・役割を目指す中堅・若手ビジネスパーソンである。

　マーケティングというと、市場調査・営業・広告宣伝といった部門の活動を想起しがちだが、マーケティングは全社活動であり、経営トップを中心に、管理部門などを含め、全社を挙げて取り組むべきである。

　したがって、読者には、市場調査・営業・広告宣伝といった部門の方だけでなく、管理部門を含めて、すべての部門のビジネスパーソンを想定している。とくに事業責任者・管理者は、現代企業の最重要課題であるマーケティングについて、所属部門に関わらず理解を深めていただきたい。

センスやテクニックよりもロジック

　書店に行くと多くのマーケティング関連書籍が並んでいる。そうした中、本書を世に問うのは、全社活動としてのマーケティングの基本的なロジックを解説した経営者・管理者向けの書籍は意外と少ないからだ。

　既存のマーケティング書の大半は、市場調査・営業・広告宣伝部門の担当者向けに専門知識・センスを論じたもの、「こうすれば売れる」的なノウハウ本、学生向けに基本概念を解説した入門書、学術的な研究書などである。

　しかし、センスやテクニック以前にまず大切なのは、マーケティングの考え方、ロジックである。とくに、経営者・管理者がマーケティングのロジックを知ることは、マネジメント活動をよりよく行う上で重要である。もちろん、ロジックを知るだけではダメで、それをビジネスの現場に活用できてこそ意味のあるものになる。

著者は経営コンサルタントとして、また学校法人産業能率大学・マネジメント大学院の講師として活動している。また、シンガポール・アメリカでの企業勤務経験もある。こうした経験を活かし、理論だけでも、実践だけでもなく、理論と実践の融合を目指したい。

クルト・レヴィンは「良い理論ほど実践的なものはない」と語った。よく「理論と実践は別物だ」「理屈通りに現実は運ばない」と言われるが、ノウハウの根底に流れる理論や考え方をしっかり理解していると、ノウハウを色々な場面に幅広く適用することができ、変化に柔軟に対応できる。理論を深く知ることは、実践での対応力を高めてくれる。

いま求められるのは、理論だけでも、実践だけでもない。理論に裏打ちされた実践ノウハウなのだ。

本書の概要

本書の概要は、以下の通りである。

まず第1章では、本書全体の導入として、マーケティングの基本的な考え方とマーケティング戦略を策定するプロセスを概観する。マーケティングは顧客価値を創造する活動であり、提供価値と対象顧客のベストの組み合わせを決めることが何より大切だ。

第2章と第3章はマーケティング・プロセスに沿って、マーケティングの基本技法と戦略策定の留意点を紹介する。

第2章では、マーケティング・戦略策定の出発点として環境分析を行い、それに基づいて目標やターゲットを決めるところまでを検討する。

第3章では、マーケティング・ミックス構築の留意点を検討する。マーケティングの具体的な戦術として、セールス・プロモーション、人的販売、広告宣伝、パブリシティを合理的に設計・運用する必要がある。

第4章から第6章では、マーケティングの応用的領域を検討する。

第4章では、顧客価値を創造するブランド戦略のあり方を考える。第5章では、ESIなど生産財のマーケティング戦略の考え方と技法を解説す

る。第6章では、サービスの工業化など、サービス・マーケティングの考え方と技法を解説する。

第7章では、マーケティングの最近の課題と動向を紹介する。IT化への対応、グローバル化対応、ソーシャル・マーケティング、経験価値アプローチ、といった新しい取り組みを紹介する。

最後に第8章では、全体の振り返りも兼ねて、売上増大・顧客満足の向上といった成果を実現するためのマネジメント活動のあり方を考察する。

読み方・活用

本書は、マーケティングの基本から応用、さらに最近の状況と、順を追って記述している。したがって、最初から順に読み進めることをお勧めしたい。ただし、マーケティングの基礎知識がある程度お持ちの読者は、興味・関心のある箇所を拾い読みすることでも構わない。

各章の冒頭には、その章で扱うテーマに即したケースを挙げている。ケースは、実際の企業で起こった事実に基づいているが、企業名・登場人物名は仮名である。漫然と読み流すのではなく、自分がケースの当事者になったつもりで読み、「自分がこの立場に置かれたら、こう意思決定・行動するぞ！」という仮説を導いて欲しい。

その上で、本文の記述を読むことにより、理論と実践ノウハウの理解がさらに深まることだろう。各章の終わりの方に本文の記述を踏まえた各ケースの考え方・着眼点（解答ではない）を記しているので、自分の考えとの相異を確認してほしい。

各章の最後には、「検討課題」を掲載している。各章の内容を自社に適用する課題なので、実際に活用して成果を実現するために、ぜひ挑戦していただきたい。

なお、巻末に参考文献を列挙するが、実務書という本書の性格上、日本で簡単に入手でき、読者が実際に読むのにふさわしいものに限定している。

はじめに

　マーケティングは、現代の企業経営の基幹となる活動であり、日本企業が苦戦していることである。そうした現状は、逆に、今後全社的な取り組みを行うことによって、飛躍的な改善が期待できる分野ということである。本書をお読みなった読者の企業が全社的なマーケティング活動を推進し、素晴らしい企業に変身されることを期待したい。

第1章
マーケティングと経営

　市場が目まぐるしく変化する現代において、マーケティングが企業の盛衰を左右するようになっている。この章では、本書全体の導入として、マーケティングの概要とマーケティングが企業経営そのものであることを示した上で、マーケティング戦略を策定する基本プロセスを紹介する。

ケース「極東興産」

極東興産は、加工食品の卸売業者である。国内の食品メーカーから仕入れた食品を全国のスーパー、食料品専門店などに卸売りしている。

現社長の大島は、創業者である父から21年前に社長の座を譲り受け、以来強力なトップダウンのリーダーシップで、同社を成長に導いてきた。社長就任以来ずっと増収増益を続けている。社員数も3倍以上に増えた。

極東興産が扱う缶詰、麺類、調味料といった加工食品は、完全な成熟市場である。商品自体も、メーカーごとに差別化されていないため、同業他社の取扱商品も似たり寄ったりで、取扱商品の違いによって取引先にアピールすることは難しい。市場環境も、デフレ不況、競争激化、さらには食品安全問題と悪化の一途をたどっている。

こうした中、極東興産が業績を伸ばしたのは、取引先であるスーパー、食料品専門店のニーズにきめ細かく対応してきたことによる。

大島社長は営業担当者に、「お土産を持たずにお客様を訪問するな」と日頃から厳しく指導している。ここで言う"お土産"とは、取引先に役立つ情報、ノウハウのことである。

極東興産が強みを持つのは、地方にある中堅以下のスーパー、食料品専門店である。大手と違って、こうした取引先は経営情報が不足している。一通りの情報は、メーカー、民間調査会社、文献などから入手できるのだが、消費者の真のニーズ・顧客にアピールする売り方・競合他社の戦略といった重要情報はあまりない。極東興産の営業担当者が取引先にこうした情報を提供し、取引先のパートナーになっていこうという戦略である。

営業担当者には、厳しいノルマが課せられている。訪問件数、新規獲得件数、売上、粗利益、情報収集などで常に前年を上回ることが要求される。そして、ノルマを達成した営業担当者には昇給とボーナス

で報いられ、ノルマを少しでも下回ると一気に減俸になる。

こうして破竹の成長を続けてきた極東興産だが、最近は業績が伸び悩むようになった。今年度に入ってからは、売上の単価が下落、数量は一進一退である。

外部環境では、デフレなどに加え、メーカーと小売業者による卸業者の排除が加速している。また、縮小するパイを巡る競争も激化している。競合他社が極東興産の取引先に安売り攻勢をかけてくるようになった。極東興産を模倣して情報提供などサービスの強化に取り組む業者も現れた。また、極東興産が得意とする中堅以下のスーパー、食料品専門店は、不況の影響で倒産・廃業する企業が増えている。

社内では、経営陣だけでなく、企画部門・調達部門から、営業担当者を叱責する声が出ている。「営業の顧客への働きかけが甘い」「何かと言うと外部環境のせいにする」

営業担当者には、「これだけ厳しい時代に、他社と変わりのない商品を気合だけで売れというのは無理だ」という不満があるが、成果が出ていない手前、黙って批判に甘んじる他ない状況である。

マーケティングの考え方

◆マーケットの変化と対応

太古の昔、人々は生活をしていくのに必要な財・サービスを自給していた。しかし、今日、財・サービスの大半を企業から商品として購入している。商品を購入する消費者（あるいは企業など）と商品を提供する企業が出会い、商品を売買するのが**マーケット**（Market、**市場**）である。

マーケティング（Marketing）は、Market+ingであり、最も広義には、企業から見て「マーケットに対応する活動全般」を意味する。

なぜ企業がマーケットに対応することが大切なのか。それはマーケットが変化するからである。
　マーケットにおいて、売れる商品、売れない商品、販売価格、市場参加者、法規制などの条件・特徴が決まっていて変化しないなら、企業は特別な対応を必要としないだろう。
　しかし現実には、マーケットは一定の状態にはなく、日々刻々と変化する。トレンドといっても良い。とりわけ、マーケットが大きく変化するとき、非連続に変化するとき、企業はマーケットに対応し、顧客ニーズに応えていく努力が必要になる。
　今日、企業経営においてマーケティングの重要性が叫ばれるようになっているのは、かつてなく変化が激しく、非連続な時代だからである。近年の代表的な変化は図表 1-1 の通りである。

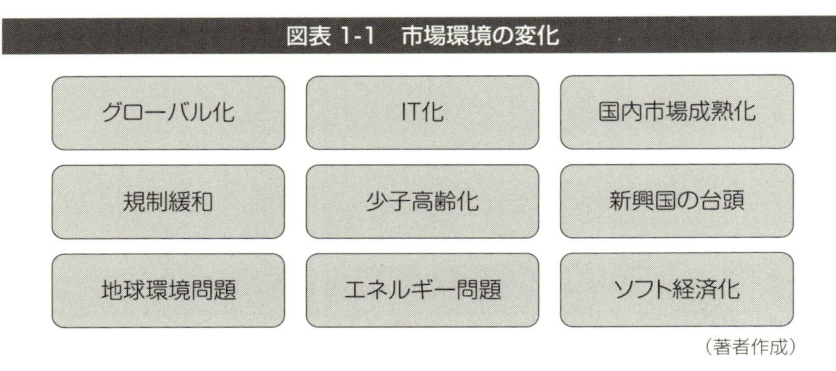

図表 1-1　市場環境の変化

グローバル化　　IT化　　国内市場成熟化
規制緩和　　少子高齢化　　新興国の台頭
地球環境問題　　エネルギー問題　　ソフト経済化

（著者作成）

　変化の多くは、1990 年代以降に現れたものである。地球環境問題のように 1970 年代から叫ばれている問題もあるが、2000 年以降、急速に変化を加速させている。
　本書はもちろん、企業がこうしたマーケットの変化に対応するさまざまな方法を解説するのだが、その前に冒頭で、「マーケットの変化への対応」というマーケティングの本質を確認していただきたい。

◆マーケティング概念の進化

　市場そのものは、世界的には古代メソポタミアの時代、日本でも7世紀には成立していたといわれる。しかし、マーケティングという用語が使われるようになったのは、今から約百年前、1910年代である。同じ社会科学でも経済学などと違って、それほど長い歴史を持つわけではない。

　マーケティングの考え方、いわゆるマーケティング概念は、市場の構造的な変化とともに、4段階で発展してきたとされる。

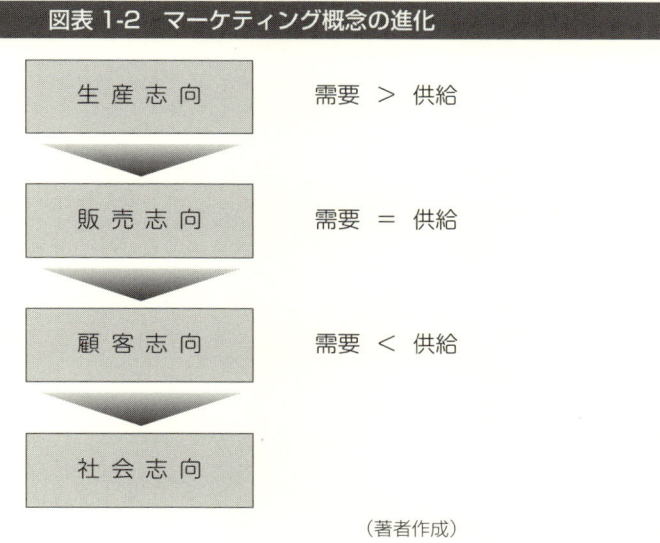

図表1-2　マーケティング概念の進化

（著者作成）

〔生産志向〕

　アメリカでは、1900年代初頭までは前史の段階で、マーケティングという用語は使われていなかった。この段階は、生産志向であった。つまり、企業の生産力が小さく、供給が需要を下回る状態（モノが足りない状態）であった。

　この頃までは、まず生産することが何より重要で、作ったものをどのよ

うに流通させるかには、それほど関心は払われなかった。かつて日本では、マーケティングを「配給論」と訳していたように、せっかく作った限られた生産物を国民にどう行き渡らせるかがわずかな関心ごとで、マーケティングに対する関心は低かった。

〔販売志向〕

アメリカでは、1910年代に科学的管理法が普及し、工場などの生産性が劇的に改善した。生産面での課題は克服され、大量に販売する必要性から、マーケティングという言葉が使われるようになった。

多くの産業で大量生産体制が確立されるようになると、生産よりもその後の流通に注目が集まるようになった。"パパママ・ストア"などのような非効率な流通では、せっかく大量に安く商品を生産できても、顧客ニーズが充足されない。新しい生産体制に対応した大量・効率的な流通体制が必要となり、マーケティングの考え方が普及した。世界最初のスーパーマーケット、Piggly-Wigglyが1916年に創業したのは、大量効率的な販売を実現する小売業態が求められるようになった時代背景を表している。

〔顧客志向〕

アメリカでは、企業が生産力を向上させる一方、1950年代になると市場飽和で需要が頭打ちになり、供給が需要を上回るようになった。この頃、**顧客志向**のマーケティングが提唱されるようになった。

すでに大半の国民は生きていく上での基本的なニーズを充足しており、顧客ニーズに合致したもの、本当に欲しいものしか売れない状況になった。顧客ニーズを探索し、顧客ニーズに合った商品を提供することで、**顧客満足**（CS）を高めることが重要になった。

〔社会志向〕

さらに1970年代以降、環境破壊、オイルショック、貧困問題といった社会問題が注目されるようになり、社会を意識したマーケティング、**社会志向**が求められるようになった。

顧客が満足すれば良いという考え方でなく、企業は社会の一員であるこ

とを意識し、社会の価値向上、資源の効率的活用、環境保全などを意識したマーケティングが要請されるようになっている。
　現代は、基本的には顧客志向であり、社会志向であると言える。

　以上はマーケティングの先端を行くアメリカの話しだが、日本ではどうだろう。
　日本で最初のスーパーマーケットは、1952年の京阪電鉄・食料品部（現在は「京阪ザストア」）あるいは1953年の紀ノ国屋だといわれる。アメリカから遅れること約40年で販売志向になった。
　日本市場が成熟化し、本格的な顧客志向に転換したのは、2度のオイルショックがあった1970年代であった。アメリカとはまだ約20年の開きがある。
　情報化が進んだ今日、最新の流行あるいは理論・技法を導入するスピードは増し、日米の時間的な開きは小さくなった。ただ、基本的には今日に至るまで、市場やマーケティング活動の実態においても、理論・技法においても、この分野では常にアメリカが先行し、日本は後追いをしている。

❷ 顧客価値の創造

◆マーケティングとは

　マーケティングとは何なのかという点について、もう少し詳しく見ていこう。
　アメリカマーケティング協会（American Marketing Association、AMA）は、「マーケティングとは、顧客、依頼人、パートナー、社会全体にとって価値のある提供物を創造・伝達・配達・交換するための活動であり、一連の制度、そしてプロセスである」（2007年改訂版）と定義している。
　ここで注目したいのは2つ。一つは、本書の冒頭でも触れたように、マー

ケティングとは売ること（**セリング**、selling）ではなく、価値あるものの提供とされている点だ。マーケティングの目的は商品を売ることではない。売れるというのは結果であって、顧客価値を創造し、維持することがマーケティングの目的である。

　もう一つは、マーケティングで働きかける対象が顧客だけでなく、パートナーや社会に広がっていることである。企業から商品を買う直接の購買者だけでなく、広く社会全体を含め、企業の活動によってプラスの影響を受ける対象全体とするのである。

◆顧客価値の創造と売れる仕組みづくり

　先のマーケティングの定義と関連するが、ピーター・ドラッカーは、マーケティングの本質を突いた次の言葉を残している。

　「マーケティングの究極の目的はセリングをなくすことである」

　よくマーケティングは「売れる仕組みづくり」だといわれるが、ドラッカーが指摘したのもこの点であろう。つまり、自社の事業・商品が提供する価値を明らかにし、それを最も欲するベストの対象顧客を決めることによって、無理な営業活動、これでもかと広告宣伝をしなくても売れる状態を作り出すのが、マーケティングの本質である。

　企業の商品が売れるのは、その商品が社会を含めた顧客にとって何らかの価値があるからである。企業がまず検討しなければならないのは、自社が提供する商品がどのような価値を提供しているのか、しうるのかを明らかにすることである。

　ただし、価値ある商品であれば、誰もが喜んで買ってくれるというわけではない。ある顧客にとっては価値のある商品でも、別の顧客にとってはあまり価値がないというのが普通だ。

　たとえば、住宅街にある理容店と10分・1080円のQBハウスの提供価値と対象顧客を整理すると図表1-3のようになる。近隣のご隠居がQBハウスに行っても満足できないし、若いビジネスパーソンが理容店に

行っても満足できない。提供価値と対象顧客のベストの組み合わせは、図表1-3の通りであろう（対象顧客は中核的な顧客という意味）。

図表1-3　提供価値と対象顧客（街の理容店とQBハウス）

	街の理容店	QBハウス
提供価値	技術、カスタマイズ サービス 住宅地の立地 店主の話術、近隣情報	スピード（10分） 安さ（1,080円） ターミナル駅の立地
対象顧客	近隣のご隠居	若いサラリーマン

（著者作成）

　マーケティングの基本戦略として**商品差異化戦略**と**市場細分化戦略**の2つがあるといわれる。市場を同質なものとみなし、提供する商品の違いに注目する戦略が商品差異化戦略である。一方、市場はセグメントごとに異なるニーズがあり、対象とする顧客の違いに注目する戦略が市場細分化戦略である。

　いずれの基本戦略を採るにせよ、「すべての顧客にすべての商品を」は戦略ではない。提供価値と対象顧客のベストの組み合わせを決めて、無理なく売れて、顧客に価値を提供できる状態がマーケティングの目指すところなのである。

③ マーケティング・マネジメント

◆経営戦略とマーケティングの関係

　マーケティングは、同じ企業経営を扱う学問の中でも、経営戦略、生産管理、ファイナンス、アカウンティングなどと比べて「掴みどころがない」

とよく指摘される。ここで、マーケティングが企業経営のさまざまな活動の中でどう位置づけられるかを確認しよう。

　企業が目指す方向性・到達点のことを**ビジョン**といい、ビジョンを実現するために**経営戦略**を策定・実行する。経営戦略は、展開する事業領域を決めて成長を目指す成長戦略とその事業領域で競争優位の構築を目指す競争戦略に大別できる。そして、経営戦略を実現するための具体的な施策として機能別戦略がある。機能別戦略とは、開発・生産・販売・物流・人事・ファイナンスといった経営機能ごとの施策を意味する。

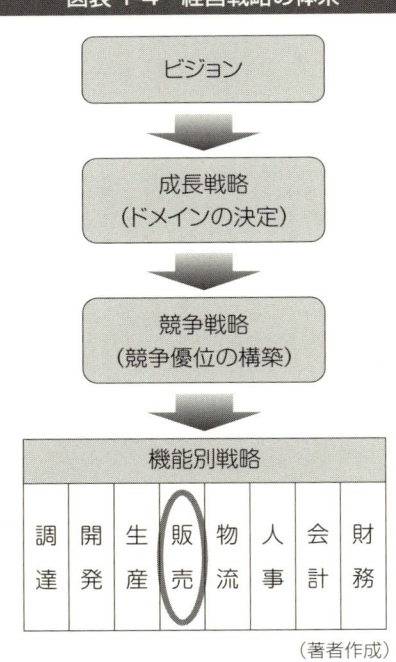

図表1-4　経営戦略の体系

（著者作成）

　この体系で、マーケティングを「販売」という機能別戦略の一つと位置づける考え方がある。よく経営者・管理者が「経営戦略を実現するために、営業部隊はしっかりマーケティングを行うように」と語る通りだ。

しかし、先ほどのマーケティングを顧客価値の創造のための企業活動と広く捉える考え方からすると、経営戦略の一つの機能と位置付けることには違和感がある。提供価値と対象顧客を選定し、他社と競争しながら顧客を獲得し、結果として自社の収益性と成長性を高めるという活動は、経営戦略と何ら変わりがない。

つまり、顧客価値の提供を目指すマーケティングは、経営戦略を市場・顧客という別の側面から言い換えているだけで、経営戦略と本質的に変わりはないということになる。

もちろん、ものの見方なので、どちらが正しいとか間違っているということはない。しかし、他社にない新たな価値の創造が求められる今日の市場環境において必要なのは、経営戦略としてのマーケティングであろう。

◆機能別戦略からマーケティング・マネジメントへ

マーケティングを「販売」という機能別戦略の一つと考える立場では、マーケティングを主導するのは、直接的には販売という機能を担う営業部門ということになる。もう少し広く捉えると、営業活動を側面支援する調査部門・開発部門・広報部門なども、マーケティングの担当部門だということになる。

たしかに、営業部門が顧客との接点に立ち、顧客に価値を届ける役割を担っている。しかし、顧客に提供する価値は、営業部門だけが創り出すものではない。トップマネジメントを中心に、管理部門も含めて、全社員が主体的に取り組むべきものである。

企業活動を効果的・効率的に遂行できるよう、市場・顧客への対応という視点から計画・組織・実行・統制を総合的に管理することを**マーケティング・マネジメント**という。マーケティング・マネジメントは、企業活動そのものであり、部門に関係なく全社的に取り組むべきことである。

◆マーケティングのロジックとマインドを持つ

　全社的にマーケティング・マネジメントを推進するには、全社員がマーケティングを深く理解する必要がある。

　もちろん、組織内で役割分担して仕事を進めるので、全員がすべての細かな知識・テクニックまで記憶しておくべきということではない。必要なのは、マーケティングのロジックとマインドである。

　マーケティングでは、よく「あの人はマーケットを読む天才的な感性を持っている」といわれたりすることがあるように、ひらめきや過去の経験を重視する傾向がある。もちろん、ひらめき・経験があった方が良いことは間違いないのだが、それに頼りすぎるのも危険だ。なぜなら、個人的なひらめきや経験は、本人にしかわからない世界で、他人はなかなか納得できないからだ。全社的に協力してマーケティングを推進するには、合理的な思考、ロジックがカギになる。

　もう一つ、マインドも重要だ。マーケティングのマインドとは、顧客の役に立とうとする心構え、市場の変化を直視する姿勢である。

　1993年に倒産の危機にあったIBMに乗り込んだルイス・ガースナーは、思い切った経営改革で同社を復活させた。非生産的な手続きや社内政治に終始する組織文化を変革するために、ガースナーは、「市場こそが、すべての行動の背景にある原動力である」「成功度を測る基本的な指標は、顧客満足度と株主価値である」という市場・顧客を重視する原則を打ち出し、徹底した（ガースナー『巨象も踊る』より）。

　マーケティングが市場の変化に対応して顧客価値を創造する活動である以上、市場と顧客を常に意識するマインドは欠かせない。

第1章 マーケティングと経営

 マーケティング・プロセス

◆**マーケティングの基本プロセス**

マーケティングの本質は顧客価値の創造である。そして、提供価値と対象顧客のベストの組み合わせを決め、売れる仕組みを作ることだ。では、売れる仕組みを作り、実行するには具体的にどういう手順を踏めば良いのだろうか。

マーケティング・マネジメントの考え方に基づき、マーケティング戦略

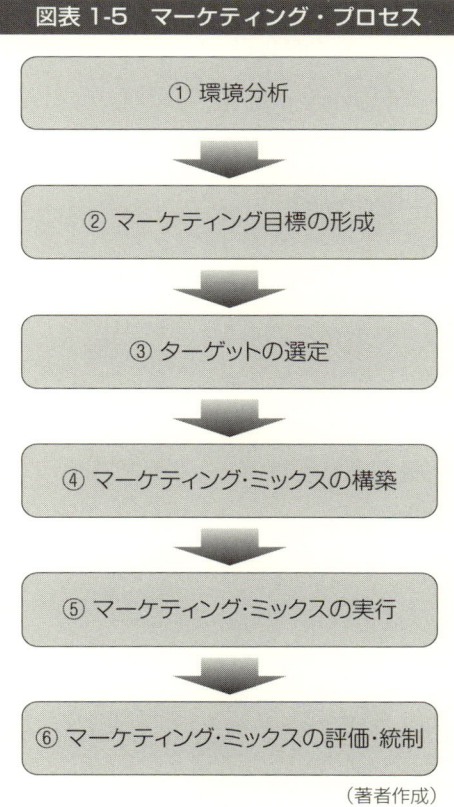

図表1-5　マーケティング・プロセス

① 環境分析
② マーケティング目標の形成
③ ターゲットの選定
④ マーケティング・ミックスの構築
⑤ マーケティング・ミックスの実行
⑥ マーケティング・ミックスの評価・統制

（著者作成）

を策定・実行する手続きのことを**マーケティング・プロセス**という。

詳しくは第2章と第3章で検討するが、マーケティング・プロセスは一般に次のような手順を踏む（図表1-5）。

① **環境分析**

企業の内外の環境を分析する。企業あるいは事業は、単独で存在しているわけではなく、外部環境と相互に作用しながら存在している。マーケティング・プロセスは、この外部環境と自社の内部環境の状況を分析するところから出発する。

環境分析は、**SWOT**に集約される。内部の経営資源・組織・システムの強み（Strength）と弱み（Weakness）、外部の市場・顧客・業界・競合における機会（Opportunity）と脅威（Threat）を明らかにする。そして、強みを生かす、弱みを克服する、機会を捉える、脅威を克服する、という4つの方向性を定めて、事業を展開する。

② **マーケティング目標の形成**

環境分析を踏まえて、企業あるいは事業として目指す目標を設定する。目標には定量的なものと定性的なものがあり、売上高、利益、シェア、市場での地位、企業イメージなどである。

目標を持たなくても、環境変化に機動的に対応すれば、企業が存続することはできる。しかし、企業が長期的に発展するためには、挑戦的な目標を掲げ、主体的に事業活動を展開する必要がある。

③ **ターゲットの選定**

最大の顧客満足と最大の利益を獲得できるよう、ターゲット（標的顧客）を選定する。市場が飽和し、顧客ニーズや価値観が多様化・個別化している今日、市場のすべての領域を対象にした**マス・マーケティング**では、売上は最大化できても、顧客満足や利益は最大化できない。自社の事業・商品に最も価値を認めてくれるベストの顧客セグメントを選定し、集中的に活動する必要がある。

④ マーケティング・ミックスの構築

マーケティング目標を達成するために、ターゲットに対しマーケティング・ミックスを展開する。マーケティング・ミックスとは、マーケティングの具体的な戦術であり、一般に **4P**（商品（Product）、価格（Price）、流通（Place）、プロモーション（Promotion）4つ）で構成される。マーケティングの基本戦略と整合していること、4つのPが統合されていることが重要だ。

⑤ マーケティング・ミックスの実行

ここまでがマネジメントサイクル（Plan → Do → See）でいうP（計画 Plan）だとしたら、ここからD.Sを展開する。まず、4Pをアクションプラン（活動計画）まで具体化し、ヒト・モノ・カネなど必要な経営資源を調達し、組織で役割分担して実行（Do）する。

⑥ マーケティング・ミックスの評価・統制

4Pを実行したら、活動結果を評価・検証（See）する。4Pが効率的・効果的に運用され、顧客満足や利益の最大化が実現できているかどうかを確認する。そして、評価・検証した結果を、次のマーケティング・プロセスに役立てていく。企業は、ゴーイング・コンサーン（going concern、継続企業の前提）から、永続的に事業活動をすることが想定されており、マネジメントサイクルを回して、マーケティング活動を高度化していくことが期待される。

わたしたちは、市場調査を中心にした①環境分析や広告宣伝・人的販売など④〜⑥のマーケティング・ミックスをマーケティングであると誤解しがちだ。しかし、先ほど述べたマーケティングの本質によると、②③で提供価値と対象顧客のベストの組み合わせを決めることが大切ということになる。

◆プロセスに沿って策定・実施する

　マーケティング戦略は、上記の6段階に沿って策定・実行する。ひらめきや過去の経験を頼るのではなく、基本的なマーケティング・プロセスに沿うことが大切だ。

　マーケティングが市場に対応する活動である以上、対応するべき市場の状況について正確に把握し、どう対応するのかを段階を踏んで検討するのは当然だ。環境分析から始まって目標や狙いを定めて、その後に具体策（マーケティング・ミックス）を展開するべき、というのは至極当然の理屈であろう。

　しかし、ビジネスの現場では、この当然のことが必ずしもきちんと実行されていない。

　企業、とくに最前線の営業担当部門には、「売りたい」という強い願望があるので、販売に直結するマーケティング・ミックスに注目が集まりがちだ。つまり、環境分析などのプロセス前半を飛ばして、「パッケージをもっと若者受けするように変えるべきだ」「大胆な値下げが必要ではないか」「インターネット販売とか新しいチャネルが必要だ」「テレビCMが不足しているぞ」という戦術を議論し始める。

　たしかに、4Pを改善すれば、売上は増えるだろう。しかし、多くの場合、その効果は短期的・限定的なものにとどまるのではないか。

　よほど4Pが非効率だという場合はともかく、多くの企業において、売れていない原因はもっと他にある。事業・商品が市場のトレンドから外れている、顧客ニーズを正確に把握できていない、トレンドや顧客ニーズに合致したターゲットの選定ができていない、といった具合だ。こうした状況を放置して4Pをどれだけ改善しても、売上の増加は一時的なものにとどまり、長期的な事業の発展にはつながらないだろう。

　企業は、環境分析から出発し、丁寧にマーケティング・プロセスに沿った検討をするべきだ。これは、回り道に思えるかもしれないが、的を外し

た4Pの改善を何度となく繰り返すよりも、結局は近道なのである。

◆試行錯誤はありうる

ただし、"マーケティング・プロセスに沿うべき"という説明は、必ず6段階を一直線に進めるべき、ということではない。実際の企業のマーケティング戦略立案では、各段階を行ったり来たりすることが多い。

とくに、環境分析に基づいて目標やセグメントを定めたものの、「本当に高齢者層に本格的なスポーツをしたいというニーズはあるのか？」などと疑問を持ち、さらに調査するといった具合だ。つまり、実際には、次のようなプロセスを踏むことが多い。

① まずマクロ環境や市場・業界・競合という大きな環境分析を実施
② それに基づいて、大まかな目標を設定
③ おおまかなターゲットを選定
④ 選定したセグメントについて、詳細な顧客調査などを実施
⑤ マーケティング・ミックスの構築
⑥ マーケティング・ミックスの実行
⑦ マーケティング・ミックスの評価・統制

ここで強調したいのは、基本となる6段階を杓子定規に実施する必要はないが、どんな進め方であれ、6つの要素をすべて実行するべき、ということだ。それによって、単なる販売ではない、統合的なマーケティング活動を遂行できるのである。

ケースの解説

本ケースは、マーケティングの基本的な考え方を確認するものである。
厳しい事業環境の中、極東興産が成功したのは、情報提供と顧客の絞り込みによるところが大きい。情報提供が極東興産の提供価値で、地方の中

小スーパーが対象顧客である。情報は、誰にとっても価値があるわけではない。大手 GMS は、自社で情報収集する能力があるから、あえて卸から情報提供を受けたいとは思わない。それよりも、まずは仕入れ価格の安さや品揃えなどを重視するだろう。卸からの情報を欲しているのは、情報格差のある地方の中小スーパーである。

　マーケティングの本質は、顧客価値の創造、そのための提供価値と対象顧客のベストの組み合わせを決めることであり、極東興産の成功は、この基本に適うものであった。

　その極東興産の成長が止まったのは、こうした成功要因が壁に突き当たったといえる。

　外部環境の変化では、極東興産が得意としてきた地方中小スーパーの市場を他社が侵食してきたことが大きい。情報提供を模倣する企業が現れ、極東興産は戦略の独自性を失いつつある。それ以前に、もともと地方中小スーパーはニッチ市場で、限られた市場の中で急成長した極東興産は成長の限界に突き当たりつつあるともいえる。

　この状況で極東興産には、抜本的なマーケティング戦略の見直しが必要だ。情報提供に代わる提供価値、たとえば「安心・安全」「高齢者のニーズに合った商品提供」などである。また、新しい価値を求める地方の中小スーパー以外にも対象顧客を広げるべきである。

　気になるのは、ケースの最後で、経営陣や他部門が営業部門を叱責しているように、極東興産では、全社的なマーケティング活動が行われていないことである。たとえば、情報提供を組織的に行うなどしているだろうか。新しいマーケティング戦略の見直しは、もちろん社長が主導するのだが、営業部門の奮起を促すだけでなく、商品開拓、情報提供などを全社的に行う仕組みづくりが欠かせない。社長のひらめきや経験に頼らず、マーケティング・プロセスに沿って戦略を推進することも重要だ。

検討課題

- 自社が所属する業界のマーケティングは、生産志向・販売志向・顧客志向・社会志向のどれに当たるか。
- 自社の提供価値と対象顧客は明確で、適切な組み合わせになっているか。
- 自社では、マーケティングと経営戦略はほぼ同義と位置付けられているか、それとも経営戦略の一機能である販売と位置付けられているか。
- 自社では、マーケティング・プロセスに沿ってマーケティング戦略を策定・実行しているか。

第2章
環境分析と市場創造

環境分析がマーケティング・プロセスの出発点である。この章では、マクロ環境を含めて体系的に環境分析し、新しい市場機会を探ること、KFSを捉えることの重要性と技法を示す。

ケース「紙製棺のマーケティング」

　段ボール原紙（板紙）を製造する中部パルプ工業は、このたび、特殊段ボールを使った紙製棺を開発した。
　現在日本の葬儀では、遺体の安置・保存のために桐など木製の棺が使用されている。中部パルプ工業が開発した紙製棺は、木製棺と比べて、以下のような際立った特徴を持っている。

- 軽くて、持ち運びが便利。木製棺は80キロ以上するものが多いのに対し、今回開発した紙製棺は10キロ程度である。現在葬儀会社は、棺の搬送のために4人程度の作業員を配置しているが、紙製棺ならばこれを2人に減らすことができる。
- 環境にやさしい。燃焼時間は木の場合の半分の10分程度で、燃焼時の排ガスが少なく済む。燃えかすも少ない。また、同じ量の木材から木製棺の1.5倍の紙製棺を作ることができ、森林保護にも役立つ。
- 低コスト。木製棺は、豪華な装飾のある超高級品から普及品まで色々だが、葬儀会社で人気があるのは、棺メーカーからの仕入れ価格が7万円程度の価格帯のものである。これに対して、中部パルプ工業の紙製棺は、製造原価が6千円程度である。

　なお、装飾を施すと、見た目は木製棺とほとんど変わらない。強度もまったく問題ない。

　日本の葬儀市場は、約1兆6千億円である。高齢化によって年間死亡者数は増加しているが、単価は下落しており、市場規模は微減傾向にある。
　なお、欧米やアジアでは土葬が多いのに対し、日本では100％火葬であることが大きな特徴である。
　葬儀会社は6500社あると言われ、地域に根差した零細企業が多い。ただし、関西のK社や関東で家族葬を展開するN社など、上場企業

も一部存在する。

　一回当たりの葬儀費用は平均約100万円で、うち棺を含む祭壇が60万円程度を占める。ただし、1000万円を超える超豪華葬から数十万円前半の低価格葬まで、金額のバラつきが大きい。

　地方を中心に参列者の多い豪華な葬儀が主流であるが、都市部を中心に家族葬など簡素化・低価格化の動きが一部に出始めている。また、無縁仏の増加によって、葬儀を実施しないケースが増えている。

　中部パルプ工業の営業部長である野々村は、この画期的な新商品のマーケティング企画を全面的に任された。来月の常務会に紙製棺のマーケティング戦略案を提案しなければならない。

　現在中部パルプ工業は、段ボール原紙を代理店経由で段ボール箱を作る成形メーカーに販売しているため、小売りのチャネルは存在しない。一般消費者に対する知名度もほとんどない。

　今回開発した紙製棺は1種類であるが、普及が見込めれば種類を増やすことは問題ない。生産は提携先の成形メーカーに委託する。

１　環境分析がマーケティングの出発点

◆非連続な変化の時代

　第2章と第3章では、第1章で紹介したマーケティング・プロセスに沿って、マーケティング戦略を立案する方法について考えていく。まず、第2章では、マーケティング戦略の基本的な方向性の決定、つまり環境分析から、それに基づきマーケティング目標を設定し、ターゲットを選定するまでの部分を検討する。

マーケティング・プロセスの出発点は環境分析である。4Pの非効率な部分を少し改善するくらいなら、綿密に環境分析をする必要はない。しかし、マーケティング戦略を大きく転換するには、市場トレンド、顧客ニーズ、競合の動向、自社の経営資源などを正確に把握する必要がある。

　安心・安全のセコムや高機能カジュアルウェアのファーストリテイリングのように、大きく躍進する企業は時代の変化を鋭くとらえ、市場ニーズに合った事業を展開している。また、伝統的な領域で事業展開する企業でも、そのときどきのニーズの変化に対応し、成功している場合が多い。

　一方、衰退する企業は、環境変化に目をつむり、変化への対応を拒否している。

　マーケティングが市場への対応である以上、市場など環境を分析することがマーケティングの出発点であることは間違いない。ただし、環境分析は簡単な作業ではない。IT化によってネットを使って世界中の情報を瞬時に入手できるようになったが、それ以上に環境変化が大きく、複雑で、しかも非連続だからだ。

　現代は非連続な環境変化の時代である。たとえば2000年の時点で、10年以内に韓国経済が復活したり、アップルが世界一の企業になったりするとは、誰も考えなかった。

　先見性のある経営者であっても、非連続な未来の変化を正確に見通すことはできない。だからといって、闇雲に一か八かで戦略を打てばよいわけではない。成功企業では、冷静に環境を分析し、確信を持って事業を推進している。

◆環境分析の着眼点

　環境分析の具体的な進め方・技法を解説する前に、まず大まかな留意点を紹介しておこう。

　環境分析の第1のポイントは、ゼロベースで包括的な分析をすることだ。人間は既成概念に捉われ、特定の視点や現状の延長でしかものを見るこ

とができない場合が多い。また、過去・現在の競合・顧客はしっかり分析するが、潜在的な競合・顧客は無視・軽視してしまう。さらに、身近なことに目を奪われて、大局的な変化を見逃しがちだ。

　こうした間違いを犯さないように、環境分析では特定の領域を決め打ちせず、まず経営環境全体を幅広く分析すると良いだろう。また、順序としては、最初は広いところから、だんだん狭いところへと分析を進めていくと良い。

　もう一つのポイントは、**KFS**（Key Factors for Success 重要成功要因）を導き出すことだ。

　中期経営計画の立案など企業の現場でよく見受ける失敗は、環境分析からその後の展開がスムーズでないことである。つまり、情報を収集し、フレームワーク・技法に当てはめるところまでは良いが、そこでブツ切りになってしまい、せっかくの環境分析が戦略代替案の立案・検討に生かされていない。

　その大きな原因は、分析の意味合い（メッセージ）を見つけ出す取り組みが不十分なことである。

　環境分析では、新たに情報が集まるだけで作業が順調に進んでいる錯覚に陥ってしまう。しかし、情報が増えるだけではだめで、そこからメッセージを見つけ出し、革新的な戦略につなげていくかが、肝心なところだ。

　メッセージの中でもとくに重要なのがKFSである。成功したビジネスには、たいてい「ここをキチンと押さえたから成功した！」という要因がある。これをKFSという。

　KFSには、「トヨタはジャストインタイムの効率的な生産方式を確立した」といった内部要因もあれば、「コマツは中国など新興国市場を開拓した」という外部要因も考えられる。もちろん内部・外部どちらでも良いのだが、もともとマーケティングは市場・顧客、あるいは競合といった外部環境に対応するものなので、環境分析でとくに期待されるのは、外部要因のKFSを発見することである。

環境分析では、漫然と情報を集め、フレームワークに当てはめるだけでなく、そこから「今後は分散型電源にエネルギー・ニーズが広がり、電力会社のわが社は小規模事業・個人へのアプローチが成長のカギになる」といった、戦略の方向性につながるメッセージを導き出す努力をするべきである。

◆環境分析の体系

環境分析では、3C+PEST に基づいて体系的に行うようにする。
図表 2-1 の通り、経営環境は、内部環境と外部環境に分れる。

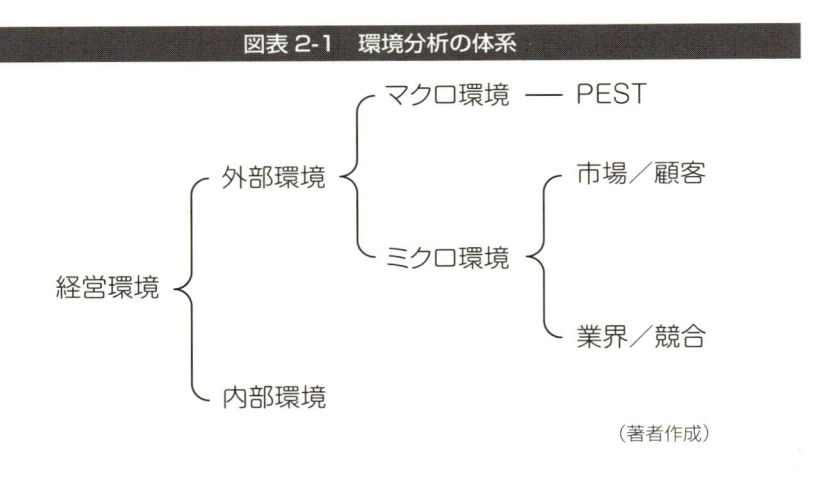

図表 2-1　環境分析の体系

```
                    ┌─ マクロ環境 ── PEST
        ┌─ 外部環境 ─┤                 ┌─ 市場／顧客
経営環境 ─┤           └─ ミクロ環境 ─┤
        │                             └─ 業界／競合
        └─ 内部環境
```

（著者作成）

内部環境は **3C**（Customer（顧客）・Competitor（競合）・Company（自社））でいう Company で、企業が保有するヒト・モノ・カネなど経営資源や組織・システムなどを意味する。

外部環境は、**マクロ環境**と**ミクロ環境**に分けることができる。

マクロ環境とは、**PEST**（Politics 法規制、Economy 経済、Society 社会・人口動態、Technology 技術）に代表される、企業の存続・成長の前提となる広範な環境要因である。マクロ環境は、企業との関係は間接的で、企業から見て統制不可能である。

ミクロ環境は、Customer（市場・顧客）とCompetitor（業界・競合）に代表される、企業が事業活動を展開する直接の舞台をいう。ミクロ環境は、企業と直接かかわり合い、企業から見てある程度統制可能である。

これらすべての環境要因を企業の**ステイクホルダー**（利害関係者、stake-holders）と考えることができる。企業は、事業を存続・成長させるために、こうしたステイクホルダーに働きかける。一方、ステイクホルダーも企業とかかわり合い、企業に対して働きかける。この相互作用において、企業はステイクホルダーとの間で、誘因と貢献のバランスをとらなければならない。ある事柄を誘い出す要因のことを誘因、他の主体などに役立つよう力を尽くすことを貢献という。

たとえば、企業は従業員に報酬を誘因として与え、従業員は労働を提供して企業に貢献する。企業は国・自治体に納税し、国・自治体は事業環境・インフラを整備する。

環境分析というと、市場のトレンドや顧客のニーズを探ることだと考えがちだ。しかし、事業が存続する前提として、利害関係者との相互作用、誘因と貢献のバランスを幅広く確認することも大切だ。

② 外部環境分析

◆マクロ環境を幅広く見る

環境分析では、まずPESTに代表されるマクロ環境を広く分析する。

事業を検討するとき、3Cを分析するのは当然である。マーケティングをまったく学習していない起業家でも、たとえば、カフェを開業するなら、出店の資金力や運営ノウハウはあるか（Company）、候補地にどれくらい需要がありそうか（Customer）、近隣にどのような類似店が存在するか（Competitor）、といった検討を忘れることはない。

ところが、マクロ環境については、錚々たる調査部門を持つ大企業でも、

調査・分析を割愛することが珍しくない。「事業と直接関係しないことまであれこれ調べて、いったいどういう意味があるの？」というわけだ。

　たしかに、短期的には、マクロ環境を分析しても得るものは少ないかもしれない。しかし、長い目で見ると、マクロ環境の変化が大きな市場を作り出すことが多い。

　たとえば、日本では長く中古品の取引量が少なかったが、1990年代後半以降、中古品市場が拡大し、本のブックオフ、ブランド品の米兵、厨房機器のテンポスバスターズなど、リサイクルビジネスが急成長している。

　中古品市場が拡大した要因として、以下のようにPESTの変化を指摘できる。

〔Politics〕
- 各種のリサイクル法が整備された。
- 古物営業法が1995年に規制緩和され、古物商の許可を取るのが容易になった。

〔Economy〕
- デフレ不況、所得の低下で、低価格の中古品への需要が増えた。飲食店の倒産が増加し、供給も増えた。

〔Society〕
- エコロジーに対する意識が高まった。
- 若年層を中心に実質主義的な考え方が広がり、中古品に対する抵抗感が薄まった。

〔Technology〕
- 商品の品質・耐久性が高まり、長期間・繰り返しの使用に耐えられるようになった。
- 再生技術が発達した。
- ヤフー・オークションに見るように、インターネットの普及で、個人でも中古品の売買ができるようになった。

この例のように、マクロ環境の変化によって大きなビジネス・チャンスが生まれるのだ。

◆価値観の転換による市場創造

PESTの中でも、注意を要するのが社会（Society）の価値観の変化である。

日本企業、とくにメーカーは技術（Technology）に対する信仰が強いので、技術的に優れた商品を提供できるかどうかが、市場の拡大や自社の競争にとって重要だと考えがちだ。

たしかに、商品が一定の技術水準に到達しないと顧客が利用できないので、技術は重要だ。ただ、技術的に新しい商品が開発されても、なかなか市場が開花せず、人々の価値観が転換することによって新しい市場が生まれることがある。

先の中古品の例でも、エコ意識や実質主義など、価値観の転換が市場拡大に大きな役割を果たしたが、これについての国際的に有名な事例がインスタント・コーヒーである。

インスタント・コーヒーは、1899年に米国在住の日本人カトウ・サトリ博士が発明した。しかし、アメリカでは病院や軍でわずかに利用されたものの、1950年代に至るまで長く家庭に普及しなかった。その原因として、味・香りの悪さが問題にされていたが、1938年に味・香りが大きく改善したネスレ社のネスカフェが登場してもなかなか普及が進まなかったことから、味・香り以外の阻害要因が指摘されるようになった。

結論的には、アメリカの社会的な価値観がインスタント・コーヒーの普及を阻んだようだ。1950年代前半までのアメリカでは、女性は家庭の中で夫など家族に尽くすべき、という伝統的な価値観があり、主婦にとってコーヒー豆を挽いてコーヒーを夫に出すことは朝の重要な儀式であった。そのコーヒーがインタスタントで簡単にできてしまうと、「愛情の手抜き」「怠惰な女性」ということになり、主婦には強い抵抗感があった。

しかし、ここでネスレが当時エチケットの権威であったジャーナリストのエミリー・ポストを雑誌広告に起用したり、「朝の忙しい時間にインスタント・コーヒーを使えば、夫婦の会話の時間が増え、逆に愛情が深まる」という前向きなメッセージを発信したりして、価値観の転換を試みた。
　こうした企業努力の結果、1950年代半ば、ようやく主婦の呪縛が解けて、インスタント・コーヒーは一気に普及した。この頃、女性の社会進出が進み、朝が忙しくなってきたというタイミングを捉えた側面もあった。

◆仮説思考で市場を調査・分析する

　先のインスタント・コーヒーの例のように、あるいは日本でも、長く普及しなかった紙オムツが「母親がぐっすり寝られる」という前向きなメッセージで1980年代初頭に一気に普及したように、人々の価値観の転換によって市場が創造されることは多い。
　ただし、Politics、Economy、Technologyの変化はニュースで頻繁に報道されるのに対し、Societyの変化にはなかなか気づかない。Societyでも、人口動態の変化は把握しやすいが、人の気持ちである価値観の変化は、うまく調査する方法がなく、捉えづらい。
　ここで大切なのは、なぜ商品が普及しないのかを仮説思考で調査することだ。Society、あるいはPESTに限らないが、漫然と調査・分析しても、売れない原因、売れる理由はわからない。仮説、つまり暫定の説を立てて、調査・分析する必要がある。
　たとえば、団塊の世代が大量に定年退職し、居酒屋に高齢者の客が増えても良さそうだが、実際には、退職してしばらくすると、居酒屋から足が遠のいてしまう。そこで、漫然と市場を調査するのではなく、次のような仮説を立てて、調査する。

- 最近の高齢者は、実はお酒の場が嫌いで、サラリーマン生活から解放されて喜んでいるのでは？

- 脂っこい居酒屋メニューが高齢者に支持されていないのでは？
- 高齢者は就寝時間が早いので、夕方に外出したくないのでは？

　この例では、ワタミなど大手チェーンがランチ時の宴会パックをヒットさせているように、3つ目の利用時間帯の問題があったようである。
　第7章で詳しく述べるように、消費者・ユーザーがその商品を使ってどのように生活・ビジネスの問題を解決しているかを知ることは重要だ。

◆マーケティング調査の領域

　マクロ環境の分析に続いて、実際に商品を展開する市場の環境を分析する。いわゆる**マーケティング・リサーチ**である。
　一口にマーケティング・リサーチといっても、内容は千差万別だが、次のような領域について調査する。

- 市場の規模、成長性
- 各社のマーケットシェア
- 商品の保有・使用実態
- 顧客の購買行動
- 広告・媒体接触
- ライフスタイル、嗜好

　なお、マーケティング・リサーチは、一回きりで終わりというわけではなく、第3章で解説する製品・価格・経路・プロモーションについても、別途、具体的な調査を行う場合がある。

◆1次データと2次データ

　マーケティング・リサーチの資料は、1次データと2次データに分けることができる。

- 1次データ（Primary Data）……企業が実験や調査などを行って新たに収集するデータ
- 2次データ（Secondary Data）……すでに存在するデータ。販売実績のように、自社内部に存在するものと業界統計のように国・業界団体・調査機関など社外に存在するものがある。

まずは、インターネットや出版物などに公表された2次データを収集するところから始める。インターネットの普及によって、手間・コストを掛けず、スピーディに大量の2次データを収集できるようになった。アメリカのCIA（中央情報局）も、スパイを使って極秘情報を収集するよりも、インターネットや出版物などの2次データを分析することを主体にしているという。2次データでマーケットを大局的に理解することは大切だ。

しかし、社外に存在する公開情報は、自社のマーケティングの問題とは必ずしも合致しない一般情報である。また、誰でもアクセスでき、自社だけが利用できるわけではない。したがって、2次データそのものは、他社と差別化する要因にはなりにくい。

そこで、2次データで市場の概要を把握したら、1次データを収集して、より深い情報を分析することになる。

◆実態調査の方法

1次データの収集方法としての実態調査には、次の3つの代表的な方法がある。

① **観察法（observational method）**

対象となる消費者・企業などについて、調査者の目やレコーダー、ビデオカメラなどの機械によって観察する方法である。交通量調査や小売店における店内導線調査は、観察法で行われる。

観察法は、調査対象者を客観的に把握できる半面、記録された情報の背

景・原因まではわからない、手間・コストがかかる、といった問題がある。

② **質問法(questionnaire method)**

別名アンケート調査とも呼ばれ、調査者が口頭あるいは文書によって被調査者に質問を投げかけ、回答を収集・記録する方法である。商品に関する事実、意見、判断などが入手したい情報である。顧客満足度調査では、この方法が用いられる。

問題解決に繋がる有効なデータを収集するためには、質問の仕方を工夫する必要がある。たとえば、消費者に「この商品の販売価格はもっと安い方が良いと思いますか？」と質問しても「そう思う」という回答が多数集まるはずで、ほとんど意味がないだろう。

質問法のメリットは、比較的手間・コストを掛けずに手軽に実施できることである。半面、回答者が実態を回答してくれない可能性があり、必ずしも客観的なデータを得られない、という問題がある。

③ **実験法(experimental method)**

調査対象となる事を実際に実験して、その結果を情報収集する方法である。たとえば、スーパーマーケットで店頭陳列の効果を測定する場合、立地・客層などがよく似た2店舗を選んで異なる陳列にし、売れ行きなどを比較して、陳列の効果を測定する。飲食業や小売店でよく行われる試食・試飲でも、やり方を工夫すれば、こうした実験を行うことができる。

実験法は、マーケティングの問題に直結した深い情報が得られるのがメリットである。一方、適切に条件設定して実施するのが難しいのが難点である。上の例だと、厳密には、陳列以外の条件をすべて揃えないと陳列の効果を測定できないが、それは不可能である。また、適用範囲が狭いという限界もある。

なお、同一の調査対象者に対して長期間に渡り反復で調査することを**パネル調査**（panel survey）という。上記の①②③を単発でなく、継続的に実施することで、費用と時間がかかるものの、有効な情報を得ることがで

きる。

　また、消費者の行動の背後にある意識・無意識の動機を臨床心理学の手法を取り入れて調査することを**動機調査**（motivation research）という。心理学の高度な専門知識を要するものの、消費者の購買動機や愛顧動機を深く知ることができる。

◆製品ライフサイクル

　商品は、市場において永遠に支持され、存続するわけではない。人間と同じように、導入期、成長期、成熟期、衰退期というサイクルをたどる（図表 2-2）。このことを**製品ライフサイクル**（Product Life Cycle、PLC）という。

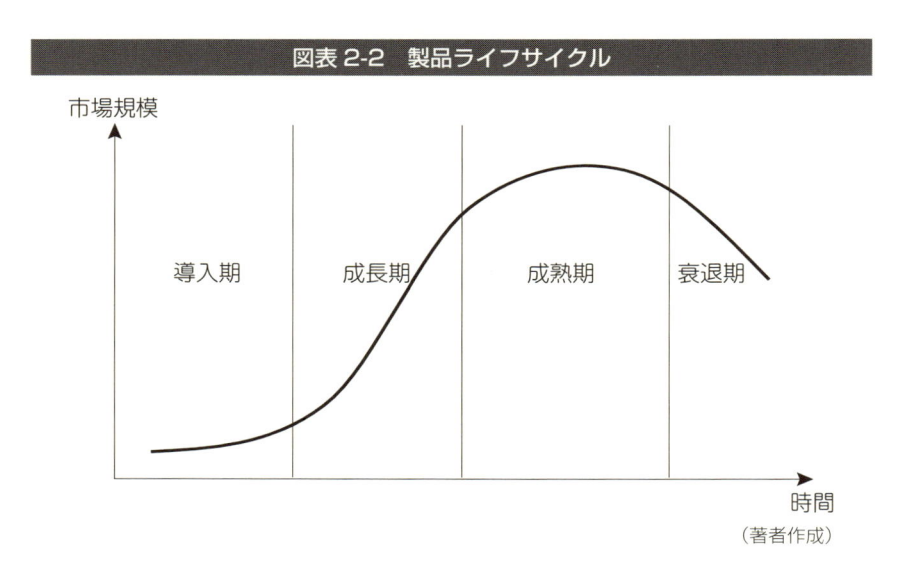

図表 2-2　製品ライフサイクル

（著者作成）

① 　導入期

　新しい商品が市場に導入され、企業が市場開拓を行う段階。1887 年にアメリカの A.B. ディックという会社に開発されたコピー機が、半世紀以上後の 1950 年代、ようやくゼロックスによって商業化されたように、

市場開拓には長い期間を要する場合もある。もちろん、市場開拓が進まず、導入期の段階で消滅する商品も多い。

② 成長期

商品の存在・効用が広く市場で認知され、需要が拡大する段階。商品が改良されて、機能が向上する。一方、市場参入者の増加による競争激化、希少性の低下などによって販売価格は低下する。価格低下によって、市場拡大に弾みが付く。

③ 成熟期

市場規模は最大化するが、商品への需要が飽和し、成長が止まる段階。競合企業がさらに増え、価格競争が激しくなる。商品が多様化する。

④ 衰退期

代替品の登場やその商品の陳腐化などによって、需要が縮小する段階。最終的には消滅する。合理化やコスト削減による利益確保が重要である。また、市場が完全に消滅する前に撤退することも考慮する。

このように、導入期→成長期→成熟期→衰退期という段階ごとに、市場・競合の状況が大きく異なる。状況に合わせてマーケティング戦略を立案することが重要である。

なお、以上はある商品の市場に関するPLCであるが、マーケティング戦略では、個別の企業が展開する商品のPLCについても検討しなければならない。後者については、P67で改めて紹介する。

◆先行優位性

一般に、市場のPLCの導入期を捉えて、他社に先駆けて商品を投入することが大切だ。

1987年にアサヒがドライビール「スーパードライ」を導入し、業界で"ドライ戦争"が勃発したが、先行者のアサヒだけが成功し、キリンなど後発の模倣者はドライビールから撤退した。この象徴的な事例のように、

多くの商品において先行優位性が働くので、他社に先駆けて市場に商品を導入することで、大きな売上・利益を得ることができる。

しかし、新しい市場を作り出すのは容易なことではない。既存の主流市場からはかけ離れた市場を作ると、顧客の認知を獲得するのが難しい上に、当初は市場規模も小さい。

他社が創造した新市場を導入期で早期に見つけ出すのも、困難なことである。市場を創造するのは、身軽なベンチャー企業や零細企業であることが多く、認知度が低いからだ。

また、順調に導入期を過ぎたと思っても、成長期に入る前に市場が拡大せずに消滅してしまうことも多い。1996年に登場した新しい写真システムのAPS（Advanced Photo System）がわずか6年後の2002年頃にデジタルカメラに押されて市場から姿を消したように、図2-3のような形状のPLCをたどる場合がある。

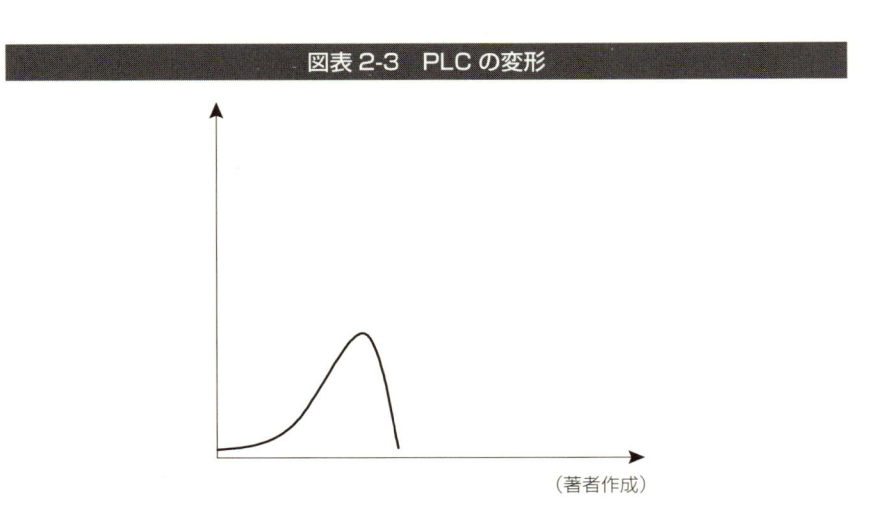

図表2-3　PLCの変形

（著者作成）

こうしたリスクを回避するには、確実に成長期に移行した市場を狙うのが得策だという考え方もある。しかし、成長期になると、市場への参加者が増加し、競争が激化する。売上高確保という点ではリスクが少ないもの

の、競争優位を構築し、利益を確保するのは、やはり難しい。

　結局、他社に先駆けて市場に商品を投入するかどうかは、商品特性としてどこまで**先行優位性**が働きやすいか、という点に依存する。先行優位性が働く条件として、次の4点を指摘できる。

- **経験曲線効果**

　商品の累積生産量が倍になるたびに、習熟の効果などで単位当たりの総コストが一定割合（20%から30%）で低下していく経験則。工業製品などでは経験曲線効果が働くので、早期に市場に投入することによって、コスト面で優位に立てる。

- **ネットワークの外部性**

　ネットワークの参加者が増えると、ネットワークそれ自体の価値が増す現象。フェイスブック（Facebook）などSNS（Social Networking Service）では、ネットワークの外部性が働くので、早期に標準的なネットワークを形成すると、後発者は商品展開が不利になる。

- **ブランド**

　スーパードライのように、消費財では早期に市場に投入し強力なブランドを築くことで、後発者に対し優位に立てる。

- **スイッチング・コスト**

　ある商品から別の商品に切り替えるときに顧客にかかるコストや手間のこと。コンピューター・システムや工作機械では、従業員教育や業務プロセスの見直しなどのスイッチングコストが発生する。スイッチング・コストが高い商品では、先行者が顧客を囲い込むことになりやすい。

　こうした条件に当てはまるなら、多少拙速にでも参入するべきである。当てはまらないなら、市場が開花するかどうかをじっくり見極めるのが得策である。

◆フェルミ推定

インターネットの普及によって、世界中の情報が瞬時に収集できるようになった。2次データに関しては、調査がずいぶんと楽になった。

しかし、どのような場合も必要十分な情報を集めることができるとは限らない。とくに、すでに存在する市場の動向を事実に基づいて調査・分析するのは比較的容易だが、これから生まれる市場を調査・分析するのは容易ではない。

市場分析では、情報が限られる中でも、ともかく分析を前に進めるために、「だいたいこれくらいだろう」と憶測しなければならないことがよくある。

憶測といっても、単なる「あてずっぽう」では自分自身も第三者も納得できず、意味がない。確からしい憶測であることが大切だ。仮定や推測をいくつも組み合わせて「概ねどのくらいになるか」と見積もることを**フェルミ推定**という（エンリコ・フェルミは、イタリアの物理学者。原子爆弾を開発したマンハッタン計画の中心人物として有名。ノーベル物理学賞受賞）。

たとえば、日本におけるシャンプーの市場規模を推計する場合、

日本の人口 12,500 万人×1人年間 4 本使用×単価 400 円＝
年 2000 億円

というフェルミ推定ができる。実際に、それくらいの市場規模のようである。

この例は、すでに存在する市場の推計だが、これから狙うターゲットを推計するときには、フェルミ推計をよく用いる。

◆顧客の分析

市場の規模や成長性といったマクロ的な話しだけでなく、対象となる顧客を分析する。代表的な分析項目は、次の通りである。

① 顧客数
② 購入履歴・購入頻度
③ 購入額
④ 購入動機
⑤ 購入プロセス
⑥ 企業・商品・ブランドに対する認知・評価
⑦ 商品利用満足度

　これらの項目について、過去・現在の顧客だけでなく、できれば潜在顧客を対象に情報を収集・分析する。
　また、年齢・性別・所得・職業・地域といった変数に基づくセグメンテーション別にこれらの項目を分析すると良いだろう。

◆ RFM 分析から CRM へ

　顧客の購買行動・購買履歴を活用した最も基本的な顧客分析手法として、**RFM 分析**（Recency, Frequency, Monetary analysis）がある。
　RFM 分析では、顧客一人一人を Recency（最終購買日）、Frequency（購買頻度）、Monetary（購買金額）の３つの観点から指標化する。この各指標の数値に重み付けした上で合算してランキングを作成すると、その上位の顧客は「最近、何度も、たくさん買ってくれている優良顧客」と判断できる。そして、優良顧客に対して重点的にマーケティング・ミックスを展開することによって、マーケティングの効果・効率を上げることができる。
　こうした RFM 分析（あるいは RFM スコア法）は、１９６０年代にカタログ販売やダイレクトメールのレスポンス向上のために米国の通信販売業を中心に広まり、今日では、小売業以外でもさまざまな業種で活用されるようになっている。
　近年の IT の発達にともなって、RFM 分析が高度化し、個々の顧客ニーズに応じた最適な対応を行う **CRM**（Customer Relationship

Management) に活用できるようになっている (CRM については、第 7 章で検討する)。

ただし、RFM 分析は、購買行動を行ったことのある顧客の購買行動や購買力を量的に評価するもので、まだ購買に至っていない潜在顧客のことまでは判定できない。さらに、次に何を買うかといった質的な評価はできないという限界もある。

◆競合分析

続いて、競合（Competitor）の分析を行う。マーケティングには、顧客に価値を提供する活動という側面とともに、限られたマーケットの中で競合企業（ライバル）と顧客を奪い合う争いという側面もある。

しがたって、競合他社の事業の状況を調査・分析し、当社への影響を明らかにしなければならない。

競合分析の調査・分析項目は、以下のように多岐に及ぶ。

① 概要：設立、沿革、代表者、主要株主、従業員数
② 事業内容：取扱い製品、調達先、販売先、営業範囲
③ 業績：売上高、利益、シェア、顧客満足度
④ ビジョン、事業方針、戦略
⑤ 戦術（マーケティング・ミックス）：製品、価格、チャネル、プロモーション
⑥ 経営資源：よく「ヒト・モノ・カネ」と言われるように、経営資源には、人材、資金、技術、チャネル、主要設備、ブランドなどがある。
⑦ 組織：公式の組織構造、PDS など回す組織のプロセス、組織文化など
⑧ システム：システムには、管理体制、意思決定の仕組み、オペレーション・システム、情報システムなど。

なお、これらの調査・分析するべき競合とは何なのか、という問題がある。現在、直接的に自社とバッティングし、自社に脅威を与えている企業、

あるいは業界内の主要企業については、当然、忘れることなく分析するだろう。しかし、それだけでなく、将来参入が予想される潜在的な競合や代替品を提供する企業も含めて、広く分析するとよい。

たとえば、マクドナルドの場合、直接競合するのは、同じハンバーガーチェーン業界のモスバーガーやロッテリアなどである。しかし、ハンバーガーチェーンが顧客に提供する機能に注目すると、さまざまな"競合"が見えてくる。

- 「ファストフード」の機能　→　吉野家などファストフード店
- 「時間つぶし」の機能　→　スターバックスなど喫茶チェーン
- 「テイクアウト」の機能　→　ほっともっとなど弁当屋、セブンイレブンなどコンビニエンスストア
- 「家族で外食」の機能　→　デニーズなどファミリー・レストラン

また、自社と競合が明確な業界を形成している場合、法規則、業界団体、競争圧力の度合、提携関係、業界慣行といった項目も調査するとよい。

とくに非合理な業界慣行は、大きなビジネスチャンスとなることが多いので、常識を疑って分析すると良いだろう。ガリバー・インターナショナルの羽鳥社長は、中古車業界では持ち込み顧客の車についての知識の多寡に応じて買取価格を変えるのが一般的であった業界慣行に疑問を感じ、買取を透明化・ファーミュラー化した新ビジネスで、短期間で成功した。

◆ポジショニング・マップ

競合に関する上記の調査・分析項目の中でも緻密な分析を要するのが「④ビジョン、事業方針、戦略」とそれを具体化した「⑤戦術（マーケティング・ミックス）」である。

競合と顧客獲得を巡って競う以上、競合がどのような方針・戦略を採っていて、自社とどのようにバッティングしているかを知ることは、マーケ

ティング戦略を立案する上で重要だ。自社と他社の戦略的な競合状況を分析するのに有効なのが、**ポジショニング・マップ**である。

ポジショニング・マップは、縦軸・横軸の2軸を使って、自社と競合他社の競合状況を表示するものである。ポジショニング・マップは、企業、事業、商品の各レベルが考えられる。

図表2-4では、ハンバーガーチェーン業界について、マクドナルド、モスバーガー、ロッテリア、フレッシュネスバーガーの各社の事業戦略を縦軸「味・雰囲気⇔低価格」、横軸「顧客の年齢層」という2軸でプロットしている。マップから、マクドナルドはロッテリアと直接的に競合しており、モスバーガーやフレッシュネスバーガーとはあまり直接的には競合していないといえる。

図表2-4 ポジショニング・マップ（ハンバーガーチェーン業界）

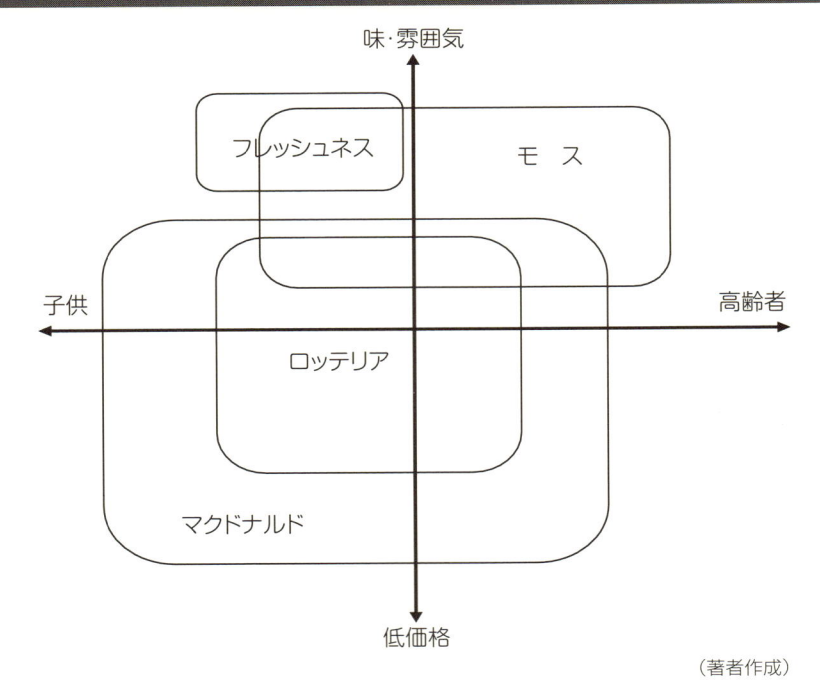

```
                        味・雰囲気
                           ↑
         ┌────────┐  ┌──────────┐
         │フレッシュネス│  │   モ ス   │
         │        │  │          │
    ┌────┼────────┘  └──────────┘
    │    │
子供 ←──┼────┼──────────────────────→ 高齢者
    │    │ロッテリア
    │    └──────────┐
    │                │
    │  マクドナルド    │
    └────────────────┘
                           ↓
                        低価格
```

（著者作成）

属性の異なる縦軸・横軸を使って、4象限すべてが"狙い所"となりえて、業界各社の戦略的な位置取りを的確に表現できているのが、良いポジショニング・マップである。逆に、図表2-5は、縦軸と横軸が相関しており、左上の「低品質で高価格」という象限は戦略上ありえないので、悪いポジショニング・マップである。

なお、ここまでの解説は事業レベルのポジショニングマップであるが、複数の異質な商品を展開する企業では、商品ごとに商品レベルのマップを作る必要がある。

また、この段階では、競合と自社の現状を分析することが目的であって、実際に今後どういうポジションを目指していくか（どこにポジションを変更するか）は、環境分析を終えたあとに検討することになる（P54参照）。

図表2-5　悪いポジショニング・マップ

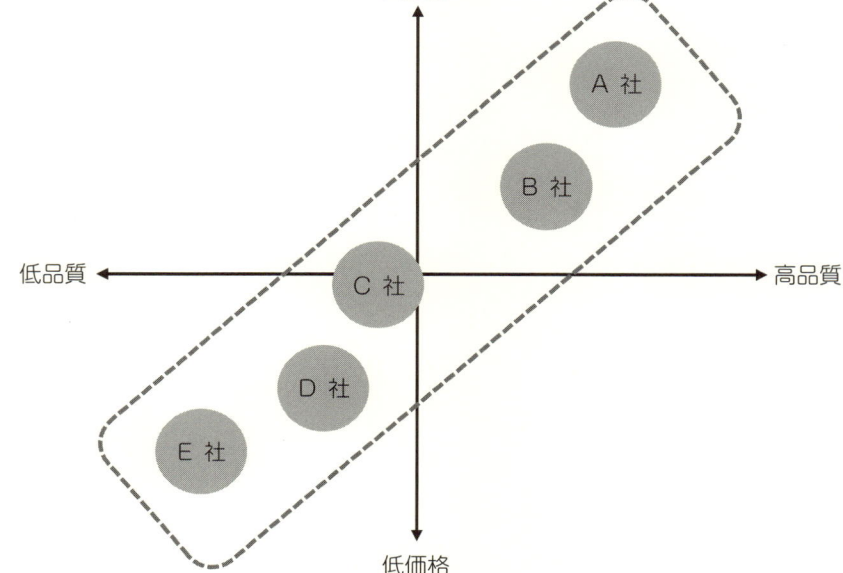

縦軸：高価格／低価格、横軸：低品質／高品質の2軸マップ。A社は右上（高品質・高価格）、B社はA社のやや左下、C社は原点付近、D社はC社の左下、E社はさらに左下（低品質・低価格）に配置され、各社が左下から右上への対角線上に並んでいる。

（著者作成）

3 内部環境分析

◆内部環境の分析の項目と調査項目

これまでの外部環境分析につづいて、内部環境を分析する。

内部環境分析を行う目的は2つある。

1つは、自社を競争優位に導く要因を探り出すことである。

顧客に対して差別的な価値をもたらしている事業・商品や競合他社に対して優位性のある事業・商品は、経営資源や組織を有効に活用していることが多い。こうした事業成功の要因（KFS）を探り出し、それをどう展開できるかを探り出す。

したがって、内部環境分析では、単純に自社内部を見るだけではいけない。顧客や競合他社を意識し、比較分析することが大切である。

もう1つは、マーケティング戦略の実行可能性を考えるためである。

マーケティング戦略を実行するには、ヒト・モノ・カネ・情報・技術など経営資源が必要だ。どれだけ画期的なマーケティング戦略を思いついても、経営資源がなければ絵に描いた餅で終わってしまう。自社が必要な経営資源や組織を備えているかどうかを確認することによって、現実的なマーケティング戦略を立案することができる。

内部環境の調査・分析項目は、以下の通りである（競合分析とほぼ同じである）。

① ビジョン、事業方針、戦略
② 戦術（マーケティング・ミックス）： 製品、価格、チャネル、プロモーション
③ 経営資源： 人材、資金、技術、チャネル、主要設備、ブランド
④ ビジネスプロセス
⑤ システム、社風、管理体制など

◆見えざる資産

　経営資源の分析では、「都内に遊休地を所有している」というような、簡単に表せる要因を指摘することが多い。しかし、こうした簡単に表せる資源は、他社が比較的容易に模倣することができ、競争優位に繋がらない。

　それに対して、簡単に表すことが難しい技術やノウハウは、外部からはその実態や価値がわかりにくいので、模倣されにくい。伊丹敬之は、設備・不動産などの「見える資産」に対して、技術やノウハウなどの経営資源を**見えざる資産**と呼び、「見えざる資産」を戦略的に活用することを提唱している。

　たとえば、シロアリ駆除を本業とするサニックスは、作業員がシロアリ駆除の作業のために住宅の床下に入る。それによって住宅の建築構造についての情報が蓄積されていく。サニックスは、この見えざる資産を活かして、耐震補強工事を新たに事業展開している。

　内部分析によって「見えざる資産」を正確に把握することが期待されるが、これは意外と難しい。たとえば、トヨタでは、効率的なトヨタ生産方式が競争優位の源泉であるが、その本質が体系的に明らかになったのは、1980年代、トヨタなど日本の自動車メーカーがアメリカに脅威を与えるほど巨大な存在になって、大統領諮問会議、ハーバード大学、マサチューセッツ工科大学が大規模な調査を行った後のことだ。

　「見えざる資産」が正確に把握しにくい一つの理由は、物的な見える資産と違って可視化されていないからである。

　さらにもう一つの理由は、「見えざる資産」は、偶然に、あるいは創発的に形成されることが多いからだ。トヨタ生産方式は、戦後の資金不足でいかにモノ・カネを使わずに生産するかを工夫した過程で偶然の産物として生まれ、発展していった。意図的に発明したものなら把握できるが、偶然生まれたものは、正確に把握しにくいのである。

　したがって、「見えざる資産」を見つけ出すには、自社内部での検討もさることながら、顧客やサプライヤーなど社外の評価・意見を聞くのが有

効である。外部の視点に触れることで、自社内部ではなかなか得られない気づきが得られる。また、社内で新しい取り組みが成功したら、それが「見えざる資産」とどう繋がっているかを確認すると良いだろう。

◆バリューチェーンの分析

「見えざる資産」とともに、内部分析で是非実施して欲しいのが、バリューチェーンの分析である。

バリュー・チェーン（Value Chain、価値連鎖）はマイケル・ポーターが考案したフレームワークで、企業のさまざまな活動が最終的な付加価値にどのように貢献しているのか、その量的・質的な関係を分析するツールである。ここでいうバリューとは顧客から見た価値であり、それが企業活動のどのプロセスで発生するかを明らかにする。

ポーターは、企業の活動を「購買物流」「製造」「出荷物流」「販売・マーケティング」「サービス」という5つの主活動と「人事・労務管理」「技術開発」「調達活動」という3つの支援活動に分けて、図表2-6のような標準的なバリュー・チェーンを示した。

企業は、新たに事業を展開するとき、顧客に最高の価値を提供できるよう、合理的にバリュー・チェーンを設計する。各活動の効率を上げるとともに、関連する活動を調整する。また、バリュー・チェーンが非効率になったら、組み換えを行う。

合理的なバリューチェーンで競争優位を実現している事例として、マクドナルドを紹介しよう。

マクドナルドでは、事業推進本部が全国規模の商品調査・市場調査を行い、顧客・サプライヤーの声も取り入れ、テストマーケティングを行い、商品開発する。

パテやバンズなど食材のサプライヤーを品質・コストなどの基準で世界中から選定する。店舗からの発注は、店舗の在庫情報を物流会社やサプライヤーと共有し、自動的に処理される。

図表2-6 バリューチェーンの基本形

支援活動	全般管理（インフラストラクチュア）					マージン
		人事・労務管理				
		技術開発				
		調達活動				
主活動	購買活動	製造	出荷物流	販売・マーケティング	サービス	

（ポーター『競争優位の戦略』）

　出店では、地図情報システム「McGIS」など各種データを使って来客数や採算などシミュレーションする。勘や経験に頼る他社と違って、ほぼ定量的に出店・閉店を意思決定している。

　調理では、作業を標準化・簡素化するとともに、調理時間を短縮するオーダー調理システムなどITを活用している。これらによって、スキルが低いアルバイトでも調理作業を担うことができる。

　販売では、アプリでのクーポン発行など顧客にダイレクトに働きかけている。また店頭での接客作業も徹底してマニュアル化している。

　このようにマクドナルドは、一貫した合理的なバリューチェーンを構築・運用し、低価格・高品質の商品を効率的に提供している。

　なお、便宜上、バリュー・チェーンを内部環境分析の箇所で記述したが、競合分析でも、競合他社のバリュー・チェーンを分析することは重要だ。

図表2-7 バリューチェーン（マクドナルド）

開発 商品調査・市場調査	仕入 グローバル・ソーシング	調達 自動発注・一括物流	出店 シミュレーション	調理 簡素化・IT化	販売 SNS・マニュアル化

（著者作成）

4 環境分析の体系化

◆ SWOT にまとめる

　以上、3C+PEST を調査したら、その結果を **SWOT** にまとめると良いだろう。

　SWOT とは、内部環境の強み（Strength）・弱み（Weakness）、外部環境の機会（Opportunity）・脅威（Threat）である。

- **強み**……内部環境（Company）のうち、企業にとって好ましいこと、顧客満足や競争優位をもたらしている要因。
- **弱み**……内部環境のうち、企業にとって好ましくないこと、顧客の不満足や競争劣位につながっている要因。
- **機会**……外部環境（マクロ環境、Customer、Competitor）のうち、企業にとって好ましいこと、売上高・利益を増加させる要因。
- **脅威**……外部環境のうち、企業にとって好ましくないこと、売上高・利益を減少させたり、組織の存続を脅かしたりする要因。

　一般に、SWOT の各要因を図表 2-8 のように一覧表示する。
　さらに、図表 2-9 のように、SWOT をクロスさせることによって、戦略の方向性を列挙することができる。
　つまり、マーケティング戦略には、次の４つの方向性がある。

①　S×O：強み（S）を活かして、機会（O）を捉える
②　S×T：強み（S）を活かして、脅威（T）に対処する
③　W×O：弱み（W）を克服して、機会（O）を捉える
④　W×T：弱み（W）を克服して、脅威（T）に対処する

第 2 章　環境分析と市場創造

図表 2-8　SWOT 分析（マクドナルド）

Strength（強み）	Weakness（弱み）
・ブランド認知 ・商品開発力 ・資金調達力 ・ローコスト・オペレーション ・店舗開発力	・安物のイメージ ・不健康なイメージ ・店舗飽和 ・米本社へのブランドロイヤリティ ・店舗賃貸コスト（95％が賃借）
Opportunity（機会）	Threat（脅威）
・デフレ、所得減少 ・高齢者市場の開拓 ・高級品市場の開拓 ・外食の多様化	・健康ブーム ・少子化、人口減少 ・カフェなど他業態との競争 ・原材料の高騰

（著者作成）

図表 2-9　SWOT のクロス分析（マクドナルド）

	Opportunity（機会） ・デフレ、所得減少 ・高齢者市場の開拓 ・高級品市場の開拓 ・外食の多様化	Threat（脅威） ・健康ブーム ・少子化、人口減少 ・カフェなど他業態との競争 ・原材料の高騰
Strength（強み） ・ブランド認知 ・商品開発力 ・資金調達力 ・ローコスト・オペレーション ・店舗開発力	S × O 高齢者市場向け商品 他の外食業態の開発	S × T 健康志向の広告宣伝 ローコスト・オペレーションの強化
Weakness（弱み） ・安物のイメージ ・不健康なイメージ ・店舗飽和 ・米本社へのブランドロイヤリティ ・店舗賃貸コスト（95％が賃借）	W × O 高級品の開発 高齢者向けの広告宣伝	W × T 健康志向の商品開発 簡易店舗の開発

（著者作成）

環境分析の過程で気になる点が見つかると、いきなり「これからは介護ビジネスだ」「もっと広告宣伝を強化すべきだ」と各論に向かうことが多い。そして実行した後になって、「もっと他のやり方があったな」と気づくことがある。こうした間違いを防ぐためには、まずは上記のようなクロス分析によって、できる、できないには目をつむって、事業の方向性を幅広く検討すると良いだろう。

◆ SWOTを戦略に繋げる

　SWOT分析は、マーケティングだけでなく、組織改革、業務改善など色々な場面で活用される。また、経営トップだけでなく、部門、職場、チームなど、組織の色々な階層でも活用されている。数ある経営技法の中でも、最も基本的かつ汎用的なものである。

　では、企業の現場でSWOT分析が十分に実践できているかというと、やや心許ない。

　まず、そもそもSWOT分析を実施しない企業が多い。「自社のことやライバル・お客さんのことなんて、もうとっくにわかってるよ」というわけだ。ただ、そういう人に限って、目先のことばかりに目が行き、潜在的な競合・顧客やマクロ環境の変化を見逃している。あるいは、表面的な強み・弱みしかとらえておらず、「見えざる資産」を把握していない。

　毎年SWOT分析をしろとまでは言わないが、少なくとも大きな戦略転換を目指すときには、面倒くさがらずにSWOT分析することが必須だ。

　また、SWOT分析を実施したとしても、やり方がうまくない。表面的にそれらしくSWOTの各項目を記述することはそれほど難しくないが、その分析が最終的に良い戦略を立案するにはなかなか繋らない。SWOTとその後のプロセスが断絶しがちだ。

　マーケティング戦略は、機会に注目するか、強みに注目するか、という2つに大別できる。したがって、単にSWOTを列挙するだけでなく、「それがどうした？」「何が言えるの？」と自問し、戦略へと繋げることが大切だ。

そのためには、SWOTの項目を列挙するので終わりではなく、クロス分析をすると良いだろう。

5 目標とターゲットの設定

◆マーケティング目標

環境分析を基づいて、マーケティング目標を立てる。

明確な目標を持たなくても、ときどきの環境変化に迅速に対応していけば良いという考え方がある。とくに、業界内でフォロワーの地位にある企業は、低価格の商品が流行すれば値下げをし、中食が流行れば中食に取り組む、といった具合に、トレンドに乗ることで事業の安定を実現しているケースが多い。明確な目標を持つと、変化への対応が遅れたり、失敗した時のリスクが大きくなったりする。

一方、目標の重要性を強調する見解も多い。鉄鋼王アンドリュー・カーネギーの依頼でアメリカの成功者・大富豪について研究したナポレオン・ヒルは、『思考は現実化する』の中で、成功のための第一の条件として「目標を立て、綿密な行動計画を作り、揺るぎない信念を持って忍耐強く取り組むことである」と主張している。事業においても、明確な目標を持つことによって、組織が一丸となり、成功確率が高まる。

単純に事業を存続させるだけなら、明確な目標を持たない方が賢明かもしれない。しかし、経営陣が明確な目標を打ち出しているソフトバンクやファーストリテイリングが発展しているように、大きな成功を収めるには、目標が必要なのである。

目標には、定量的なものと定性的なものがある。

・**定量目標**
  ・売上高

    - 利益
    - 成長率
    - シェア
- **定性目標**
    - 市場での地位（リーダー・チャレンジャー・フォロワー・ニッチャー）
    - ブランド
    - 顧客のイメージ

　目標は１つである必要はない。定量目標と定性目標をバランスよく立てるようにする。とくに定性的な目標を忘れてはいけない。
　また、複数の事業部門で多数の商品を展開する企業全体、事業部門ごと、商品ごとの目標を分けて設定する必要がある。

◆ SMART

　何でもいいからとにかく目標を立てれば良いというわけではない。目標には、良い目標と悪い目標がある。関係者の達成意欲を高め、能動的な協力を引き出すことができるのが、良い目標である。
　良い目標を立てるには、以下の **SMART** を意識すると良いだろう。

- **Specific:** テーマ・表現が具体的か？

　目標は、理念やビジョンとは違って、目標には具体性が必要である。5W1H（What, Why, Where, When, Who, How）について具体化することで、関係者は実現する姿を明確に想像でき、マインド・行動を方向付けられる。

- **Measurable:** 定量的に測定可能か？

　目標の達成水準を、測定可能な具体的な数字で示すことによって、目標達成に向けて PDS を回しやすくなる。

- **Achievable:** 現実的に達成可能か？

図表 2-10 のように、目標は達成可能性が 0%（絶対に達成できない）でも、100%（簡単に達成できる）でも、関係者の達成意欲を高めることはできない。適度に現実的・挑戦的であると、最大限の達成意欲を引き出すことができる。

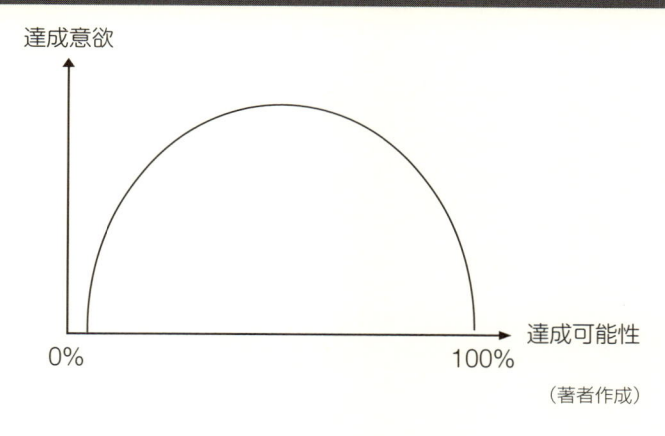

図表 2-10　目標の達成意欲

（縦軸：達成意欲、横軸：達成可能性 0%～100%、上に凸の曲線）

（著者作成）

- **Result-oriented:** 成果に基づいているか？

何を成果として実現するのかを明示すると、関係者は実現する姿を明確に想像しやすい。

- **Time-bound:** 期限があり、時間軸を意識しているか？

いつまでに達成するという期限があると、関係者の切迫感を喚起し、達成意欲が高まる。短期的な目標と中長期の目標を持つと良い。

たとえば、新しいデジタルカメラを発売する際、「高級品市場の中でも最高級品として消費者に認知され、リーダーの地位を確立する。3 年以内にシェア××％を達成し、売上高△△億円、営業利益○○億円を達成する」という目標を設定したなら、SMART を満たしていると言えよう。

◆顧客ターゲットの選定

よほど経営資源が豊富な優良企業でない限り、市場のすべてのニーズに対応することはできない。また、現代の市場は多様化しており、市場のすべてを対象にした総花的な対応では、顧客の支持を得られないばかりか、コストもかかり、利益を上げることができない。あれこれとターゲットを広げず、自社に価値を認めてくれるベストの顧客に絞り込む必要がある。

マーケティングでは、この顧客を絞り込む手続きのことを **STP** という。

市場を細分化（Segmentation）するための軸を探し出し、標的となる顧客層のセグメントを設定（Targeting）し、そのターゲット・セグメントにおいて市場地位を獲得するための位置取り（Positioning）を行う。STPはこの頭文字である。

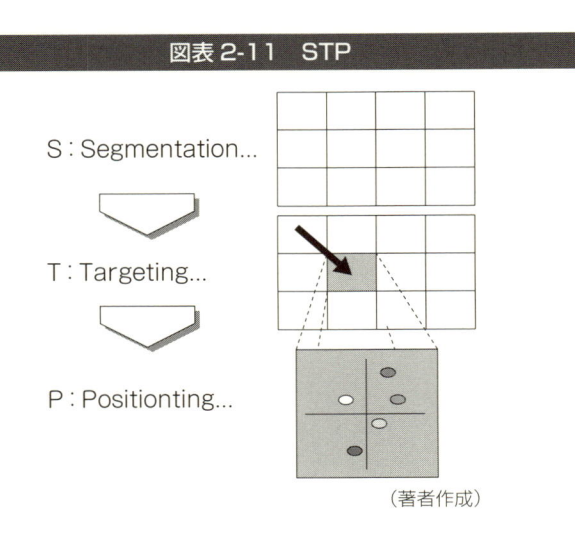

図表2-11　STP

S：Segmentation...

T：Targeting...

P：Positionting...

（著者作成）

一般にSTPは、頭文字の通り、S→T→Pの順で実施するのが普通だとされる。ただし、実際にはSとTとPの間を行ったり来たりすることが多い。

◆市場細分化の要件

市場細分化を行うためには何らかの軸、基準が必要である。代表的な基準には、次のようなものがある。

- **地理的基準**……地域や人口密度、気候など
- **人口統計的基準**……年齢、性別、職業、学歴、所得、宗教、出身地など
- **心理的基準**……ライフスタイル、パーソナリティ（性格・趣味趣向）など人口統計的基準では計れない消費者の心理
- **行動変数基準**……購買頻度、ベネフィット、使用率、ロイヤリティなど、消費者の製品に対する知識や態度、反応

また、フィリップ・コトラーによると、市場細分化が有効であるためには、以下の要件を満たす必要がある。

① 測定可能性……細分化された市場の規模や顧客の反応が測定可能であること
② 到達可能性……細分化された市場の顧客に十分に接近し、商品を届けることが可能であること
③ 利益可能性……細分化された市場において、利益を確保することが可能であること
④ 実行可能性……細分化された市場において、マーケティング戦略が機能し、販売戦術が実行可能であること

◆特徴的なポジショニングをする

市場を細分化できたら、自社にとって魅力的なセグメントにポジショニング（位置取り）する。競合他社と差別化した特徴的なポジショニングを取ることによって、顧客に事業や商品をアピールすることができる。

ABCクッキングスタジオは、料理教室という成熟市場において、特徴的なポジショニングを取ることで成功している。

ABCクッキングスタジオは、あくまでビギナーのみを対象としていて、花嫁修業、本格趣味、プロ志望などの受講者は専門学校に任せるように割り切っている。ビギナーが趣味として料理を楽しく学べるよう、生徒は気に入った若手の先生を自由に選べる仕組みである。また、ショッピングセンターなど人通りの多い場所に仕切りのないガラス張り教室（スタジオと呼ぶ）を設置しており、生徒が楽しく料理している姿を教室外からを見ることができる。

　ポジショニングを考えることは、事業や商品のコンセプトを考えることとほぼ同義である。これをあいまいにしたままマーケティング・ミックスの具体策に進むことがないよう、くれぐれも注意したい。

ケースの解説

　本ケースは、環境分析、市場創造、ターゲットの選定など、マーケティング・プロセス前半の留意点を確認するものである。

　この状況に直面し、戦略策定を任された営業部長は、いかにして売るか、とくに小売りのチャネルを持たない現状で、現在の棺の主要なチャネルである葬儀会社にいかにアプローチをするかを考えがちだ。また、「こんなに色々なメリットがある商品なのだから、メリットを的確に伝達すれば、何とかなるだろう」と楽観しがちだ。

　しかし、現在、日本の葬儀では、葬儀は厳かであるべき、棺など葬儀をケチらない、という価値観があり、段ボールには抵抗感が強い。単純に「色々メリットがありますよ」と葬儀会社にアプローチするだけでは、葬儀会社には受け入れられないだろう。

　まず営業部長は、どのような顧客にどのような価値を提供するか、という組み合わせを決めねばならない。図表2-12の通り、紙製棺には色々な顧客、色々な提供価値があるが、すべての顧客がすべての価値を認めるわけではない。紙製棺は基本的には不求品（誰も進んで欲しがらない商品）であるものの、「ぜひ買いたい」と価値を認める顧客に最初はアプローチ

第2章 環境分析と市場創造

するべきだ。

　価値観の転換を必要としないのは、ペットや自治体（無縁仏や災害用）である。ただし、これらは市場規模が小さいかも知れないので、フェルミ推定で市場規模を推計すると良いだろう。

　価値観を転換してビッグビジネスに育てたいなら、生前の本人に売るということが考えられる。提供価値は、安さ（残された家族に迷惑を掛けない）でも良いが、「ぜひ買いたい」と考えるのは、環境を重視する人であろう。

　意外と紙製棺に価値を認めにくいのが、既存の葬儀会社である。伝統的な葬儀会社は、すでに安定的な顧客基盤があり、「あそこは段ボールを使っている」と悪評が広がることを警戒する。安い棺を仕入れて安く売っても、爆発的に需要が拡大するものでもない。葬儀会社をターゲットにするなら、家族葬を運営する葬儀会社など、価値観を気にしない顧客を持つ会社が良いだろう。

　提供価値と対象顧客の組み合わせが決まったら、マーケティング・ミックスを展開する。価値観を転換するならば、4Pの中でも重要なのはプロモーション（Promotion）である。マーケティング・ミックスの展開については、次の第3章を読んだ上で、改めて検討して欲しい。

図表2-12　紙製棺の提供価値と対象顧客

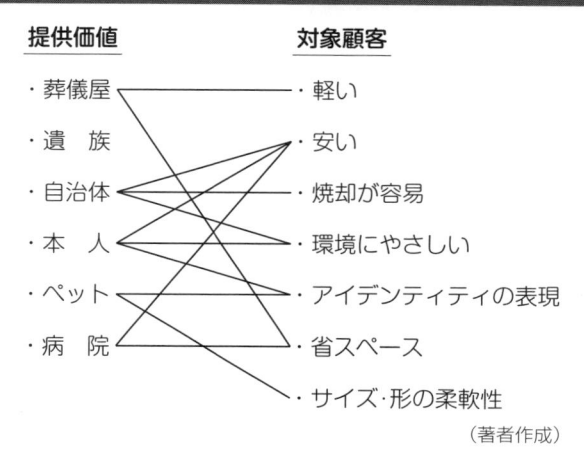

提供価値
・葬儀屋
・遺　族
・自治体
・本　人
・ペット
・病　院

対象顧客
・軽い
・安い
・焼却が容易
・環境にやさしい
・アイデンティティの表現
・省スペース
・サイズ・形の柔軟性

（著者作成）

検討課題

- 自社・自部門は、中期経営計画の立案などの節目に、環境分析を実施しているか。
- 環境分析を実施する際には、マクロ環境を含めて包括的な分析を実施しているか。分析のやりっぱなしでなく、KFS を探り、戦略立案に繋げているか。
- 自社を取り巻くマクロ環境はどのように変化しているか。PEST、とくに価値観の転換に着目し、大局的に環境変化を把握するよう努めているか。
- 市場・顧客にはどのような変化があるか。
- 自社と競合他社がどのように競合しているかをポジショニングマップで表現せよ。
- 自社・自部門では、明確なマーケティング目標を掲げているか。目標は SMART か。
- 顧客ターゲットの絞り込みは明確か。他社と異なる特徴的なポジショニングを取っているか。

第3章
マーケティング・ミックスの展開

この章では、マーケティング・プロセスの後半のマーケティング・ミックス（商品（Product）、価格(Price)、チャネル(Place)、販売促進（Promotion））を構築・運用する技法とポイントを示す。

ケース「ジョギング・ブームを捉える」

　ナルミ・スポーツは、スポーツウェアやランニング・シューズなどを製造する中堅スポーツ用品メーカーである。

　ナルミの売上高は、2004年をピークに減少傾向にある。ナルミは、競技者向けの本格的な商品を展開しており、少子高齢化で部活動など陸上競技者が減っていることや不況の影響を受けている。

　一方、少子高齢化や不況の影響を受けていないのが、ジョギング用のシューズである。近年、幅広い年代でジョギング・ブームが広がっており、この領域は着実に市場が拡大している。ナルミは、マラソン・シューズなど競技者用シューズは幅広く扱っているが、ジョギング・シューズは扱っていない。

　マラソン・シューズは速く走ることが目的なので、軽さや反発性などが重要だが、日常的に使うジョギング・シューズでは、走り心地を高めるクッション性や安定感などが重要である。このように、同じ走るための商品でありながら、マラソン・シューズとジョギング・シューズでは、かなり商品特性が異なる。

　ナルミのマラソン・シューズは、大学・実業団に所属するトップ陸上選手の意見を取り入れて、改良を重ねてきた。競技者の間では、高機能・高品質で定評がある。

　市場には、4千円程度の低価格のジョギング・シューズが出回っており、1万円前後が売れ筋のようだ。ナルミのマラソン・シューズは高価格で（種類が違うので単純に比較できないが）、最低1万6千円、高いものは市販品で4万円くらい、特注品だと8万円以上する。

　販売先は、日本全国各地のスポーツ専門店が5割、学校や実業団への直販が2割、全国6か所ある直営店での販売が1割弱である。商社を経由した海外への販売比率は1割に満たない。

　プロモーションは、営業担当者による販促活動が中心である。営業

担当者は陸上競技についての専門知識が高く、スポーツ専門店や学校・実業団からの信頼は厚い。また、マラソン大会や陸上競技会への協賛なども一部実施している。

今年初め、鳴海社長は、ジョギング・シューズ市場への本格参入を表明、「走る楽しみ (joy to run)」というコンセプトを打ち出した。

さすがに、一般的なジョギング愛好者は本格的なシューズを必要としないだろうと判断し、機能や品質をかなり落とした新商品を開発した。価格は、商品開発の初期投資を回収するため、最低１万５千円とやや高めに設定した。ブランド名は変更していない。

こうした新しい取り組みが始まり、商品展開が始まって半年が過ぎた。

販売営業担当者は、熱心にスポーツ用品店に足を運び、営業活動に取り組んでいるスポーツ専門店の反応は良くない。

「ジョギング・シューズは競争が激しいですからね」

「知名度の高いＭ社・Ａ社など大手を差し置いてお客さんに勧めるには、何かアピールするものが欲しいところです」

残念ながら、今のところ鳴海社長が期待した成果は出ていない状況である。

１ マーケティング・ミックスへの具体化

◆戦術としてのマーケティング・ミックス

第２章の検討によってマーケティングの基本的な目標・ターゲットが定まったら、それを戦術レベルへと具体化していく。

提供価値と対象顧客のベストの組み合わせを決めるのがマーケティングの本質であるが、それだけでは商品は売れない。合理的・効果的なマーケ

ティング施策を策定・実行する必要がある。

　マーケティングにはさまざまな具体的施策があり、**マーケティング・ミックス**といわれる。エドモンド・マッカーシーは、マーケティング・ミックスとして次の 4P を提唱している。

- **Product**（商品）
  顧客に提供する商品（製品やサービス）を企画・開発する活動
- **Price**（価格）
  顧客との取引の経済的基準となる価格を設定する活動
- **Place**（チャネル）
  顧客へ商品を円滑に移転させるための流通経路の設定や物流に関する活動
- **Promotion**（プロモーション、販売促進）
  顧客に対して商品の存在を知らせ、需要を喚起させる活動

　本章では 4P の内容と活用方法について考えていくが、それぞれの P について検討する前に、マーケティング戦略における 4P の役割について確認しておこう。

◆基本戦略との整合性

　私たちは、4P というと、「ソフトバンクの CM は面白い」「ドンキホーテの陳列は刺激的だ」などと、個々の P の良し悪しに注目しがちだ。

　しかし、それぞれの P の良し悪しを考える前に、まず 4P が基本的な戦略と整合性が取れているかどうかを確認する必要がある。

　たとえば、ルイ・ヴィトンは、1981 年に銀座・並木通りに日本で最初の直営店を出店し、創業 150 周年に当たる 2004 年に全面リニューアル・オープンした。それを見て、「銀座って地価が無茶苦茶高いから、採算的に厳しいのでは？」と考えた人がいた一方、「まあ、そういう出店戦略もありかな」と考えた方も多かったことだろう。

銀座出店を支持した後者は、店舗、つまり4PでいうとPlaceという要因だけでなく、ルイ・ヴィトンの基本的な戦略についても考えたのだろう。つまり、ルイ・ヴィトンはファッション・ブランドの中でも最高級のブランド、「ブランドの中のブランド」を目指している。そうした差別化戦略を進める上で、最高級のショッピング・エリアである銀座に旗艦店を出すことは、日本全体への波及効果が大きいと判断したのであろう。

個々のPが良いかどうかは、それ自体では判断できない。企業が目指すビジョンや戦略と整合性があるかどうかが、まず問題になる。

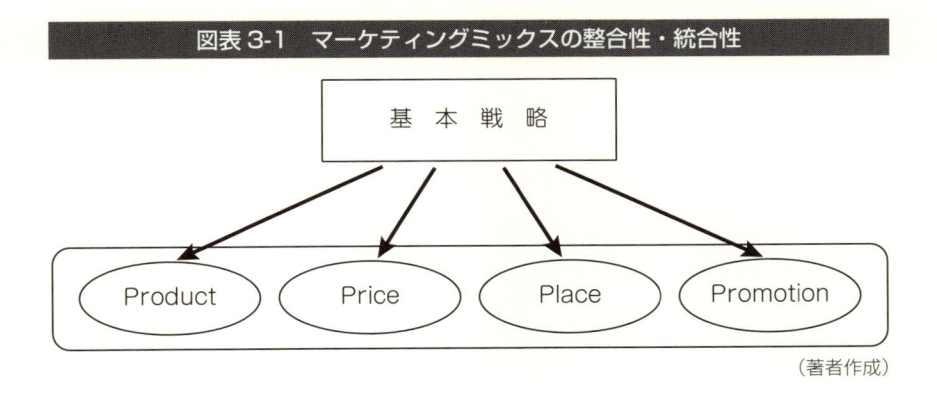

図表3-1　マーケティングミックスの整合性・統合性

```
              基 本 戦 略
           ↙    ↓    ↓    ↘
      Product  Price  Place  Promotion
```

（著者作成）

◆ミックスとしての統合性

もう一つ、個々のPに注目するだけではなく、4Pの関連性を問題にするべきである。4Pはミックスといわれるように、個々のPがバラバラでなく、お互いが有機的な繋がりを持っていることが重要だ。

ルイ・ヴィトンの場合、Product（商品）は、ブランド価値を際立たせる最高級の品質のものを提供している。Price（価格）は、いたずらに安売り・値引き販売をせず、高級感を維持する価格で販売している。Place（チャネル）は銀座並木通り店だけでなく、表参道のような高級ショッピング・エリアや主要都市を代表する高級百貨店に出店している。

Promotion（販売促進）は、高級感を強調した広告宣伝を、また店頭ではコンシェルジェのような丁寧な接客をしている。

このように、ルイ・ヴィトンでは、Place だけでなく、4P 全体がミックスとして有機的に統合されており、全社的な戦略をサポートしている。個々の 4P が優れているかどうかという以前に、4P がミックスとして統合性があるかどうかが問題なのだ。

❷ 商品（Product）

◆商品の分類

一つ目の P は、商品（Product）である。

商品は、顧客に価値を提供する直接的・中核的な手段であり、顧客との最大の接点でもある。また、商品によって他の 3 つの P が決まってくることが多く、商品はマーケティング・ミックスの中核をなしている。

一口に商品といってもさまざまで、以下のように分類することができる。

① 最寄品・買回品・専門品

購買行動に着目した最も古典的な分類である。最寄品は消費者が簡単に行ける店で習慣的に購入する商品、買回品は消費者が購入時に価格、品質、スタイルの比較を希望する商品、専門品は消費者にとって価格以外に特別な魅力があり、わざわざ特別な努力を払って買いに行く商品である。

② 耐久財・非耐久財・サービス

耐久財は長期間何度でも使用できる有形商品、非耐久財は数回以内の使用で消費してしまう有形商品、サービスは生産と消費が同一場所で行われ、機能、効用を与える無形の商品である。

③ 消費財・生産財

消費財は個人による最終消費の対象となる商品、生産財は企業による生

産活動に使用される商品である。

　なお、製造業が製造・販売するものを**製品**、卸売・小売が他社から仕入れて販売するものを商品と区分することも多いが、最終的に顧客に価値を提供するという点では共通していることから、本書では、両方を商品と統一して記述する。

◆商品概念

　コトラーは、商品概念として、商品には３つのレベルがあることを指摘した。**中核的便益・商品そのもの・付随的サービス**という３層構造である。

・中核的便益
　商品の基本的な価値、顧客が商品を購入した時に感じる便益であり、商品の主目的ともいえる。たとえばパソコンでは、表計算、ワープロ機能、インターネット、データ保存といった基本的な機能が中核的な便益である。

・商品そのもの
　中核的便益を一回り拡張した概念で、現実的な商品のことである。形状、ブランドネーム、パッケージ、品質などである。パソコンだと、品質を高めるだけでなく、iPadのようなデザイン性や携帯性を売り物にした商品が増えている。

・付随的サービス
　商品そのものをさらに拡大した概念で、拡大的な商品ともいう。アフター・サービス、配送、クレジット、品質保証など、商品の販売において付随的に行われるサービスを意味する。パソコンの場合、近年、故障時の修理などアフター・サービスに力を入れ、差別化に成功しているメーカーが出現している。

図表 3-2　商品概念

```
       付随的サービス
       商品そのもの
       中核的便益
```

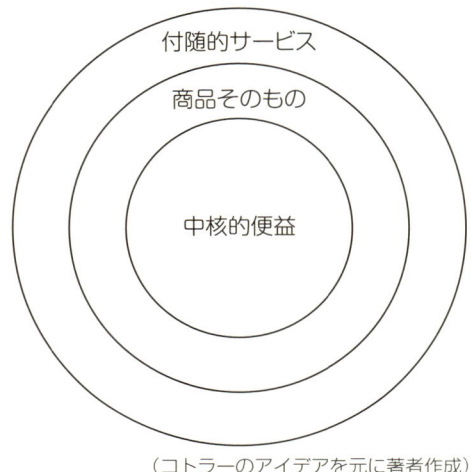

（コトラーのアイデアを元に著者作成）

　一般に、後ほど述べる製品ライフサイクルによって、中核的便益から商品そのもの、さらに付随的サービスへと競争の舞台が移っていく傾向がある。

　例に挙げたパソコンでその動きを確認すると、商品が市場に投入された導入期の1980年代初頭は、中核的便益の違いで他社と差別化しようとした。しかし、1990年代以降、競合が増え、後発企業によるキャッチアップが進むと、中核的便益で違いを出すのが難しくなる。この段階でPCメーカー各社は、デザイン、ブランドネーム、品質、といった商品そのもので差別化を試みるようになった。やがて、1990年後半以降、パソコン一人一台が実現し成熟期になり、携帯電話など代替品との競争も激しくなると、商品そのものでも差が付きにくくなった。この段階では、アフター・サービスや保証など付随的サービスで競争するようになっている。

◆**製品ライフサイクルとマーケティング・ミックス**

　商品は導入期、成長期、成熟期、衰退期というサイクルを辿る。各段階

におけるマーケティング・ミックスのあり方は、以下の通りである。

① 導入期

商品の地位を確立するため、市場開拓を進める必要がある。

市場開拓には、商品の存在や効用を顧客に認知させるプロモーション活動が必要である。また、導入期では初期コストがかかること、販売量が少なく規模の経済性が働かないことから、量産化によるコスト低減や市場浸透価格（P86参照）による販売拡大などの施策も重要である。

導入期では、初期コストが掛かる一方、売上高はまだ少ないので、利益・キャッシュフローは少額あるいはマイナスになる。

② 成長期

顧客層の拡大や使用量を増加させるために、市場での認知を高めるプロモーションが必要になる。

市場での商品の認知が進むと、売上高は急増する。販売促進費などコストは金額的には増加するものの、販売数量増加によって単位当たりコストが低下し、利益が出るようになる。ただし、市場拡大に対応した拡張投資のための支出などが大きいので、キャッシュフローは低水準にとどまる場合がある。2000年代前半のYahoo!BBのマーケティング活動に見るように、ブロードバンド市場の成長期は、こうした状況が当てはまる。

③ 成熟期

競争が激しくなるため、商品見直しなど差別化やコスト削減によって、競争力を維持する取り組みが必要となる。また、需要を喚起したり、代替需要への切り替えを阻止する取り組みによって、衰退期への移行を遅らせる延命策も欠かせない。代表的な方法としては、以下の方法がある。

- 新しい商品特性を持たせる。例）アップルのiPhone：携帯電話を改良してスマートフォンとして販売
- 新しい使用者を開拓する。例）江崎グリコのGABA：女性が主要顧客だったチョコレートを中高年男性向けに販売。

- 新しい用途を開拓する。例）紙オムツ：乳幼児用が主体だった紙オムツを要介護者用に改良して販売。
- 使用頻度を増やす。例）シャンプー：夜の入浴時に使用するだけでなく、「朝シャン」を提案。

　成熟期には、企業の売上高の伸びは止まるが、大きな拡張投資が必要ないため、キャッシュフローは最も高水準になる。Yahoo!BBは2000年代後半に成熟期に入り、加入者の増加は止まったが、潤沢なキャッシュフローを生んでいる。

④　衰退期

　成長期の箇所で述べた延命策の他に、合理化やコスト削減による利益確保が重要である。また、市場が完全に消滅する前に撤退することも考慮する。
　この段階では、売上高・利益ともに減少し、最終的には赤字に転落する。ただし、衰退期に入って久しいラジオで、残ったパナソニックやソニーが着実に利益を計上しているように、撤退する競合企業が増えれば競争が緩和され、残存者利益を享受できる場合もある。

◆採用者カテゴリー

　PLCを顧客の側から説明したのが、**イノベーター理論**である。
　イノベーター理論は、新商品の普及に関する理論である。エベレット・ロジャーズよると、イノベーションが採用される過程は平均採用時間（$\bar{x}$）を中心とする標準偏差（σ）の正規分布として図表3-3のように5つのグループに分類できるという。
　イノベーター理論の第1の特徴は、ほとんどの人が潜在的購買者であると仮定していた大衆市場的アプローチ（マス・マーケット・アプローチ）を否定したことである。新商品への関心や思い入れの度合いは、たとえば、革新者は真っ先に新商品を取り入れるが、遅滞者は最後に採用するように、消費者のタイプによって違うということを理論的に示した。
　第2の特徴は、普及（顧客から見ると「採用」）が急速に進むポイントを

図表3-3 イノベーター理論

グループ	構成比	特　徴
革新者 (innovators)	2.5%	冒険好きで、新製品にいち早く飛びつくが、大衆とは乖離しており流行が始まるともう別のものに関心が移る
初期採用者 (early adopters)	13.5%	追随者に影響を与えるオピニオンリーダー的役割をはたす
前期追随者 (early majority)	34%	ある程度価格が安定した時期に、オピニオンリーダーや広告などの影響で新製品を購入する
後期追随者 (late majority)	34%	最初の情報(たとえば広告)だけで飛びつかず、慎重に口コミや第三者情報(パブリシティ)を検討する
遅滞者 (laggards)	16%	新製品にはなかなか手を出さない保守的なグループ

(ロジャーズのアイデアを元に著者作成)

示したことである。革新者と初期採用者の割合を足した16%のラインを超えると、急激に普及が進む。つまり、このラインが商品普及のポイントで**「普及率16%の論理」**ともいわれる。イノベーター理論を発展させた**キャズム理論**は、初期採用者と前期追随者には簡単に越えられない大きな溝、すなわち"キャズム(裂け目)"が存在し、いかなる商品でもこのキャズムを越えなければ短命に終わるとしている。

　第3の特徴は、個人の影響力、あるいは口コミの影響力の大きさを科学的に示したことにある。ロジャーズは、豊富な事例研究を積み重ねて、コミュニケーションは、同類的な者同士で行われる時に、より効果的で快適になり、新知識の獲得も活発になることを証明した。これは、一方通行のマス広告よりも、個人的に仲間から仕入れた口コミ情報にしたがって、

人々が新商品を採用することを物語っている。

たとえば、国民的アイドルグループとなった AKB48 の普及は、イノベーター理論で説明できる。

プロデューサーの秋元康によって AKB48 が生まれたのは 2005 年のことだった。アイドルというと、メディアの中の遠い存在というイメージだったが、秋元は、専用劇場を持つ「会いに行けるアイドル」というコンセプトを作り上げた。しかし、第 1 回公演は、来客 72 人、そのうち一般客はわずか 7 人であった。

それにめげず地道な公演を続け、握手会やさまざまなイベントを行うなどファン獲得努力をした結果、2006 年からは徐々に革新者が増えた。やがて一部の熱狂的な革新者の口コミによって、2006 年には劇場以外の初コンサートを開くまでオピニオンリーダーを広げていった。

「オタクのアイドル」という初期の評価を変え、キャズムを超えて前期追随者を獲得したのは、レギュラー番組を持ち、紅白歌合戦に出場した 2007 年あたりだろう。2008 年以降、全国各地に類似ユニットが出現し、さらに後期追随者へと浸透が進んだ。

2012 年には京楽産業によってパチンコ台「パチンコ AKB48」が発売され、中高年層にもファンを広げるなど、遅滞者への浸透が進んでいる。

◆商品開発の重要性

商品は、顧客との最大の接点であり、企業が顧客に向けて放つメッセージである。企業の顔といっても良い。したがって、顧客にとって魅力ある新商品を開発することは、商品戦略のみならず、マーケティング全体の中でも重要な位置を占めている。

メーカーが商品開発に力を入れるのは当然として、最近は、卸売業や小売業でも、商品開発が重要課題になっている。これまで卸売業や小売業は、メーカーが製造したものを受動的に仕入れるだけだったが、大手 GMS の PB 商品に象徴されるように、商品開発が戦略の中核になっている。

顧客に愛され、大きな売上、利益をもたらすのが良い商品である。良い商品を開発するための考え方として、花王の「商品開発の五原則」が有名である。

1. 社会的有用性の原則
   社会にとって、今後とも有用なものであるか。
2. 創造性の原則
   自社の創造的な技術、技能、アイデアが盛り込まれているか。
3. パフォーマンスバイコストの原則
   P/C でどの企業の商品よりも優れているか
4. 調査徹底の原則
   あらゆる局面での消費者テストで、そのスクリーニングに耐えたか。
5. 流通適合性の原則
   流通の場でその商品に関わる情報を消費者に伝達する能力があるか。

◆商品開発のプロセス

　商品開発というと、センス、あるいは勘と経験がものをいう世界だと考えがちだ。たしかに、創造性のある開発担当者がいるといないでは、商品開発の成果は大きく異なる。

　しかし、商品が複雑化・高度化した今日、開発担当者のちょっとした思い付きだけで商品が完成するわけではない。勘と経験、センスが必要ないというわけではないが、それよりもまず重要なのは、プロセスを踏んで、システマチックな検討を行うことだ。

　商品開発の一般的なプロセスは、次のようなものである（図表 3-4）。

図表 3-4　商品開発プロセス

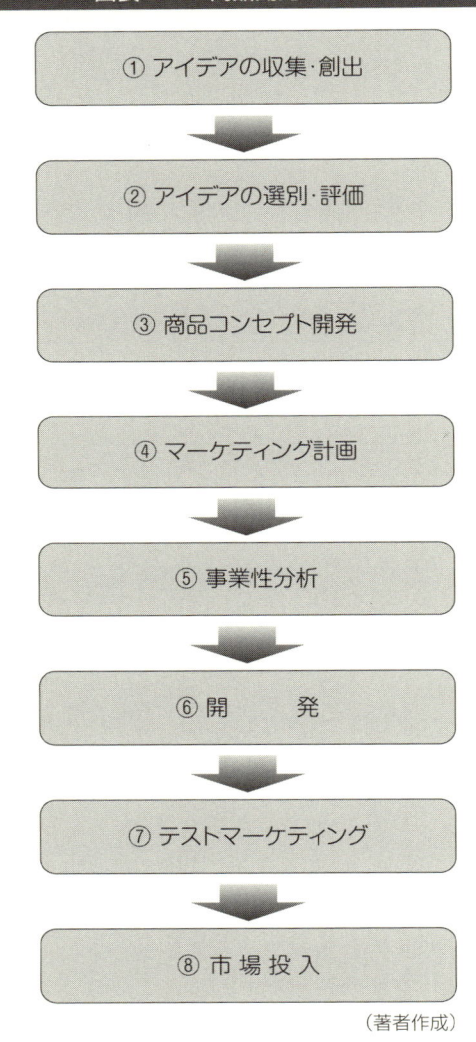

① アイデアの収集・創出
　　↓
② アイデアの選別・評価
　　↓
③ 商品コンセプト開発
　　↓
④ マーケティング計画
　　↓
⑤ 事業性分析
　　↓
⑥ 開　　発
　　↓
⑦ テストマーケティング
　　↓
⑧ 市　場　投　入

（著者作成）

① **アイデアの収集・創出**

　まず、社内外の意見・要望、既存商品への不満などから、新製品のアイデアを収集・創出する。開発担当者が創出することでも良いが、社外も含

めて広く協働する**オープン・イノベーション**やITを活用することの有効性が指摘されるようになっている。

アイデア創出には、顧客の声を具現化する**ニーズ発想**と自社の技術を展開する**シーズ発想**がある。ニーズ発想が基本ではあるが、将来のニーズは顧客も認識できていないので、新しい市場を創造するにはシーズ発想が有効だという見方もある。

② **アイデアの選別・評価**

収集・創出されたアイデアは、数が多く、粗削りで、結果的に商品化に至るのは一握りだ。すべてのアイデアの商品化を試みると、経営資源の無駄が大きいので、アイデアを選別・評価する必要がある。

選別・評価では、最終的に商品化でき（実現性）、顧客に受け入れられるかどうか（市場性）が、最も気になるところだろう。しかし、売れて顧客が満足すれば、どういうアイデアでも良いというわけでない。マーケティングが企業としての企業理念・経営戦略の実現するための方策である以上、アイデアが企業理念・経営戦略と合致しているかどうかが、何より重要である。たとえば、警備保障会社が「高品質の事業所サービスの提供」を目指しているとしたら、「安価なお手軽サービス」というアイデアは、たとえ需要が見込めても採択されないだろう。この他、社会性を意識するなど、多面的な評価が必要である。

③ **商品コンセプト開発**

選別された有望なアイデアについて、具体的な商品コンセプトを固めていく。商品コンセプトとは、顧客・ユーザーが商品をどのように利用して満足を得るのかということを想起できるように、商品アイデアを具体的に記述したものである。

④ **マーケティング計画**

固まった商品コンセプトに基づいて、商品を市場に投入するための計画を策定する。計画は多岐に及ぶが、市場でのポジショニング、シェア、売上高・利益など基本的な目標、マーケティング・ミックス（他の3つのP）

である。
⑤　事業性分析

　商品の事業性を分析した計画をトップマネジメントに上奏し、承認を得る。②は担当者レベルでのラフな試算・評価であるのに対し、ここでは、改めてそれを整理し、正式なゴーサインを得るものである。場合によっては、商品段階で次の⑧の試作品（prototype）の提示、さらに試作品のユーザーテストの結果を求められることもある。

⑥　開発

　ゴーサインが出たら、現実の商品を具体化していく。性能・品質・形状などの商品仕様を定義し、この仕様書を基に試作品を製作する。

⑦　テストマーケティング

　試作品を地域や期間などを限定して消費者・ユーザーに試用してもらうことを**テストマーケティング**という。顧客の反応を観察・記録して、試作品の改良を行う。また、次の本格展開のためのマーケティング・ミックスの検討に役立てる。

⑧　市場投入

　改良された商品を量産し、市場に本格的に投入する。同時に、プロモーションも本格展開する。

◆オープン・イノベーション

　この中で、難しいのは、①アイデアの収集・創出と②アイデアの選別・評価であろう。

　天才的な開発担当者がいれば、問題なくアイデアを創造できるかもしれないが、画期的な新商品が次々と生まれるわけではない。

　新商品開発は、商品における**イノベーション**（innovation・革新）である。イノベーションというと、経営者や開発担当者が滝に打たれて瞑想の末に閃くという印象を抱きがちだが、実態は異なる。ジョセフ・シュムペーターがイノベーションの本質を「経営資源の新しい結合」と喝破したとおり、

異質の経営資源をいかに結びつけるかがポイントだ。

タプスコットとウィリアムスは『ウィキノミクス』の中で、社外との協業によってイノベーションを起こす**オープン・イノベーション**を提唱している。

同書の冒頭で紹介されている、カナダの金鉱山会社ゴールドコープの成功は興味深い。ゴールドコープは、自社の最高機密である地質情報をウェブで世界中に公開し、探鉱方法などのアイデアを懸賞金付きで募った。世界15か国、1000人以上の地質学者、人工知能研究者、CG専門家、コンサルタントなどが同社のデータと格闘し、鉱脈について優れたアイデアを提供した。その成果で、ゴールドコープは超優良企業へと飛躍した。同書は、こうしたオープン・イノベーションの事例を多数紹介している。

オープン・イノベーションには、アイデアを商品化するマネジメントの難しさがあり、いつも成功するわけではない。しかし、イノベーションの本質に合致したアプローチである。とくに経営資源の限られる中堅・中小企業の場合、自社内部の経営資源に拘るのではなく、外部の経営資源を積極的に取り入れることが大切だ。

◆ステージゲート方式

先ほどのプロセス②以降で、収集・創出されたアイデアを選別・評価する際によく採用されるのが、アメリカの化学メーカー、ダウによって考案された**ステージゲート方式**（stage gate）である。

ステージゲート方式とは、商品のアイデア出しから商品販売までの全体プロセスを複数の段階（ステージ）に分けて、次の段階に進むかどうかを段階的に決定していく方法である。

各ステージでの検証項目と各ゲートでの承認者（責任権限）を明確にすることで、誰もが漏れなく商品販売までの検討項目を網羅することができ、市場でのより成功確率の高い商品を投入することができるようになる。

大手メーカーでは普及しているステージゲート方式だが、問題がないわ

けではない。この方式を厳格に適用すると、組織内で「そのアイデアは絶対に大丈夫か？」と延々議論する状況になり、結果的に大半のアイデアが棄却されてしまう。たしかに、これによって"大外し"はなくなるのだが、斬新な新商品は生まれない。商品開発のスピードも落ちる。

　打席に入ってバットを振らないとホームランは生まれない。絶対大丈夫かと議論を続けるよりも、少しでもキラリと光るところがあるアイデアなら、どんどん試してみる方が良い。

　したがって、ステージゲート方式で機能させるには、次の点に留意すると良いだろう。

① 技術・市場・事業を知る適切なゲートキーパー（gate-keeper、門番）に選任する
② ステージの数を極力減らす
③ 見込みにありそうなアイデアを思い切って採用する
④ 不採用の場合でも再挑戦してもらえるよう、ゲートキーパーがアドバイスする

　もちろん、こうしたやり方では、外れて不採算商品になるケースが多々出てくる。大切なのは、あらかじめ撤退基準を設定し、ダメだった場合、適時適切に撤退の判断をすることである。こうしたマネジメントのあり方については第8章で再び詳しく検討する。

❸ 価格（Price）

◆価格戦略が及ぼす影響

　2つ目のPは、価格（Price）である。

　商品を売るとき、何らかの販売価格を設定しなければならない。商品が持つ価値よりも高い価格を設定すると、消費者の支持が得られず、売れな

い。逆に、価値よりも低い価格を設定すると、売上げは増えても、十分な利益を確保できない。

　商品の売れ行きや利益水準だけではない。価格設定は、商品の市場がどの程度拡大・縮小するのかを左右する。顧客が商品に対して持つイメージや利用方法にも影響を与える。他社との競争状況も変化してくるだろう。このように、価格設定は、商品や事業にさまざまな影響を及ぼす。

　商品の価値に見合った価格を設定することが、価格戦略の基本である。ただし、価格決定にはさまざまな要因が絡むので、慎重な対応が求められる。

　どのような要因に注目するかによって、価格決定は大きく**需要志向・競争志向・原価志向（コストプラス）**の3つに分類できる。

◆需要志向

　需要志向は、顧客がその商品に対して認める価値にしたがって価格に決める方法である。簡単にいうと、「いくらで買ってもらえるか？」という顧客側の事情に配慮するもので、アンケートなどを実施して顧客の事情を探る。顧客に価値を提供するのがマーケティングの本質であるという考え方からすると、3つの価格決定の中で、最も基本的な方法であるといえる。

　需要志向の価格決定の代表的なものとして、差別的価格決定、価値（バリュー）重視価格決定、心理的価格決定がある。

① 差別的価格決定

　企業がコストの差がない複数の商品を販売する場合、一般に同一の価格を設定する。ところが、以下のように、同一の価格を設定しない方が有効な場合もある。

- **顧客形態別**：携帯電話や交通機関の学割や自動車保険の無事故ドライバーへの保険料割引のように、顧客タイプの違いに応じて価格を変更する。動機はさまざまだが、学割の場合、若年層の内に顧客として囲い込み、生涯に渡って売り上げを拡大するという、**顧客の生涯価値**（Life Time

Value、LTV) の考え方に基づいている。

- **場所別**：野球場や劇場でＳ席・Ａ席・Ｂ席・Ｃ席などと区分するような場合。プレミアム感や割安感を与えるために行われる。
- **時期別**：映画館・ホテルのように、繁閑に応じて時期・時間帯によって価格を変えること。繁忙期の需要を分散させる、閑散期の需要を喚起するなどの目的がある。百貨店のタイムセールのように、直接的に顧客の購買行動を促すために実施する場合もある。

なお、差別的価格設定はいつの場合も成立するわけではなく、市場を明確にセグメント化できること、各セグメントで需要水準が異なっていること、セグメント間の移動障壁が存在することなどが前提となる。

② 価値（バリュー）重視価格決定

商品を製造するための原価に関係なく、商品に対して顧客が認識する価値に基づいて価格決定する方法である。顧客が値段を決めるという考え方からすると、価値重視価格決定は、需要志向の中でも、最もオーソドックスな価格決定であるといえる。

化粧品のように、生産コストが低い商品であっても、顧客ニーズが旺盛で、消費者が知覚する価値が高い場合、価格は高めに設定される。逆に、いくらコストや手間を掛けても、消費者が知覚する価値が低い場合、価格は低めに設定される。

価値重視価格決定では、PLCの段階によって価格水準が変化することがある。たとえば、家電品の場合、導入期では希少性があり、高い値段を設定できる。ところが、成熟期になると、商品の普及や改良品・代替品の登場などによって、顧客価値が低下し、低価格を余儀なくされる。このとき、価格低下の中で収益を確保するには、企業はコスト削減に努める必要がある。

③ 心理的価格決定

価格に対して消費者が示す心理的反応は一様ではない。そうした性質をとらえた価格設定方法を心理的価格設定という。具体的には、次のような

方法が存在する。

- **慣習的価格**……缶ジュースが全国一律で 120 円で売られているように、商品の相場が一般的に決まっているのでそれに合わせて価格を設定する方法である。消費者が許容する価格の範囲内で価格を定めているため、消費者から見ると妥当な価格ということになる。
- **端数価格**……3,000 円ではなく 2,980 円というように、あえて端数にすることで、大台に乗らない安い価格のイメージを演出する。
- **名声価格**……高い価格は良い品質を連想させるという消費者心理を踏まえて、あえて高価格を設定する方法である。商品の品質を判断する価格以外の情報を消費者が持ち合わせていないときほど、こうした価格設定は有効に働くと考えられている。また、高級ブランド品などのような商品では、価格がステータスの高さや他社との差別性を示すという点で消費者に満足感を与えているとも考えられる。

◆競争志向

　競争志向は、競合他社の価格動向を勘案して価格を決定する方法である。企業は、利益確保のために原価志向、顧客満足のために需要志向を志向しやすいが、それで市場に受け入れられない場合、競争志向を採る。今日、独占・寡占市場は例外的で、多くの商品でグローバルに競争が展開されている。この状況では、競争志向が最も現実的な価格決定であるといえる。

　競合他社の価格に対して、高価格を設定、同じ価格を設定、低価格を設定、という3つの選択肢がある。企業は、競合他社に対して差別性・ブランド価値を打ち出したいとき、高価格を設定することがある。寡占的な市場では、リーダー企業の価格と同じ価格を設定することがある。ただ、実際には、競争的な一般の市場において、売上確保のために競合他社よりも低い価格を設定することが圧倒的に多い。

　競争志向の代表的な考え方として、市場価格による価格設定、入札価格法などがある。

① 市場価格による価格設定

実際に競合他社の商品が販売されている価格（実勢価格）に合わせて価格を設定する方法である。現行レート価格設定法、実勢価格設定法などとも呼ばれる。本来は、競合他社の価格に合わせる設定方法を意味するが、競合他社の価格を基準にそれよりもやや低めの価格を設定することが多い。

市場価格による価格設定のうち、寡占的かつ同質的な市場でよく採用されるのが**プライス・リーダーシップ制**である。業界で影響力のある企業（通常はリーダー）がある価格に設定すると、他社はこの価格に追随することをいう。たとえば、鉄鋼業界では、リーダーの新日鉄住金がトヨタなど大手需要家と価格を取り決めると、他社はその価格に追随して価格決定している。

② 入札価格法

入札とは、買い手が売り手を選別するためのオークションである。複数の売り手が買い手に対してそれぞれが希望する販売価格を提示し、もっとも安い販売価格を提示した売り手がその価格で商品を買い手に販売する。自治体などが発注する公共工事では、原則として入札価格法が採用されている。

なお、規格化された商品や差別化できていない商品のことを**コモディティ**（commodity）と呼ぶ。例えば、塩、砂糖、ビニール傘、一般的な農産物などである。コモディティ化した商品は、通常、競争志向で価格決定する。

◆原価志向

原価（コスト）志向とは、自社の原価（コスト）に注目する価格決定方法である。

商品を仕入れ・開発・生産・販売するには、コストがかかる。原価志向の価格設定によって、こうしたコストを回収し、確実に利益を得ることができる。たとえば電力料金は、典型的な原価志向である。

第3章　マーケティング・ミックスの展開

　コストには、販売数量などと関係なく一定額が支出される固定費と販売数量などに比例して支出が発生する変動費がある。固定費・変動費を集計し、それに一定の利益を加えて販売価格を決める。別名**コストプラス**ともいう。
　ある工作機械メーカーで商品の予想販売数量が100台、固定費が8,000万円、一台当たりの変動費が70万円だとする。この商品の一台当たりの原価は150万円である。
　　　固定費8,000万円÷100台＋変動費70万円＝150万円
　これにたとえば利益60万円上乗せすると、販売価格は210万円になる。
　　　一台当たりコスト150万円＋利益60万円＝販売価格210万円

　固定費が大きい場合、販売量によって単位あたりのコストが大幅に変わってくる。価格決定の妥当性を確認するためには、あらかじめ販売価格と収支の関係について**損益分岐点分析**（あるいはCVP分析、CVPとはCost、Volume、Profitの略）を行うと良い。
　損益分岐点、つまり利益がゼロになる販売数量は、以下の計算式で算定する。

　　　損益分岐点販売数量＝固定費÷（販売価格－変動費単価）
　　　（なお売上高と変動費の差が限界利益で、販売価格 - 変動費単価は限界利益単価である）

　たとえば、先ほどの工作機械の例では、
　　　固定費8,000万円÷（210万円 -70万円）＝57.1台
　つまり、58台以上売れれば利益が出る計算になり、先ほどの「予想販売数量100台」が妥当かどうかを検証すれば良いということになる。

◆3つの価格決定の使い分け

　以上の価格決定は、いわゆる3Cに対応している。需要志向は

Customer（市場・顧客）、競争志向は Competitor（業界・競合）、原価志向は Company（自社）に着目している。

現実の価格決定では、3つの方法のうちどれかというわけではなく、すべての要因を勘案する。どれに重点が置かれるかということである。

企業が確実に利益を得るには、原価志向で設定したい。したがって、原価志向≒高価格になりすい。しかし、顧客志向で買い手優位の現代の市場では、自社の都合を優先して価格決定することは難しい。また、競合他社がいるので、他社の価格を意識して低価格を設定する。したがって、競争志向≒低価格になりやすい。

つまり、原価志向と需要志向を出発点として検討しながらも、最終的には競争志向に落ち着くことが多い。

ただし、競争が存在しない、あるいはゆるやかな場合は、原価志向でそのまま価格決定されることもある。たとえば、ガソリンの小売販売価格は、ガソリンスタンド間の競争が激しい大都市郊外を中心に、基本は競争志向であるが、競争がゆるやかな離島地区などでは原価志向が優勢である。

◆独占禁止法の順守

価格決定では、3Cを考慮するのが基本だ。しかし、3Cがすべてというわけではない。他にも、法規制や社会的要因も考慮しなければならない。

法規制では、とりわけ**独占禁止法**を順守する必要がある。独占禁止法は私的独占、不当な取引制限（カルテル、入札談合）、不公正な取引方法（不当廉売、再販売価格の維持など）などを規制している。

- **私的独占**……企業が単独あるいは他の企業と共同して, 不当な低価格販売などの手段で、競合他社を市場から排除したり、新規参入者を妨害したりして市場を独占する行為。
- **カルテル**……企業や業界団体の会員企業が相互に連絡を取り合い、本来, 各企業が自主的に決めるべき商品の販売価格や販売・生産数量などを共

同で取り決める行為。
- **入札談合**……国や地方公共団体などの公共工事や物品の公共調達に関する入札において、事前に受注業者や受注金額などを決める行為。
- **不当廉売**……他の企業の事業活動を困難にさせるために、原価を下回る価格で商品を販売する行為。なお、国際貿易において、国内価格よりも安い価格で国外で販売する不当廉売行為を**ダンピング**（dumping）という。
- **再販売価格の維持**……商品の生産者・供給者が卸・小売業者に対し商品の販売価格（卸売価格・小売価格）を指示し、それを遵守させる行為。

　また、法令に限らず、広く社会的な要因にも配慮しなければならない。自社の売上・利益が上がり、顧客の満足を得られても、社会的な価値に反するような価格決定であってはならない。

　たとえば、独占禁止法の不当廉売に該当しなくても、極端な低価格が資源の浪費や環境破壊につながるなら、社会的に許容されないだろう。アルコール類を低価格販売することが未成年の飲酒を誘発しているなら、低価格政策を見直すべきだ。

　このように企業が意図的に販売を抑制することを**デ・マーケティング**（de marketing）という。

◆新商品の価格決定

　企業が新商品を発売するとき、価格決定はとわけ重要な意味を持つ。新商品が市場にどれだけ浸透・定着するか、商品開発のための投資を回収できるかなど、価格決定は新商品の成否を左右する。

　新商品の価格決定には、大きく上澄み吸収価格と市場浸透価格がある。

　上澄み吸収価格（skimming price）は、初期高価格政策である。先ほどの３つの基本価格政策でいうと、原価志向に近い。新商品を開発・展開するにはコストがかかるので、高価格を付けることでそれを早期に回収

しようという考え方である。たとえば、医薬品などは上澄み吸収価格を採用する。

　PLCの導入期に他に先駆けて新商品を購買する革新者は、新しさに価値を認め、値段を気にせず購買する場合が多い。上澄み吸収価格はそうした需要の上澄み（ミルクの上澄みをスキムミルクという）をターゲットにする戦略である。利益確保の安全性や利益の率を意識した価格戦略といえる。

　市場浸透価格（penetration price）は、初期低価格政策である。一般に商品は、値段が下がると需要が増える。したがって、初期段階で低価格を設定すれば、たとえ一時的に低収益、場合によっては赤字になったとしても、市場が広がり、長い目で見て大きなパイを獲得することができる。たとえば、電気製品などは、市場浸透価格を採用することが多い。

　市場浸透価格は、早めに成長期へと進めようという意図があり、長期的な視点の戦略といえる。

◆市場浸透価格と上澄み吸収価格の選択

　上澄み吸収価格と市場浸透価格のどちらを選択するかには、いくつかのロジックがある。

- 価格を気にしない需要層が存在するかどうか。
    - → 存在する場合は上澄み吸収価格、しない場合は市場浸透価格
- 商品に差別性や特殊な用途があるかどうか。
    - → ある場合は上澄み吸収価格、ない場合は市場浸透価格
- 特許や実用新案権など、何らかの法的根拠によって当該商品が保護されているか。
    - → されている場合は上澄み吸収価格、いない場合は市場浸透価格

　以上のことは経済学でいうと**需要の価格弾力性**を意味する。図表3-5

のように、一般に価格が低下すると需要が増大するので、縦軸に価格、横軸に需要数量を取ると、右肩下がりの需要曲線が描かれる。ただ、商品によって、価格の変化による需要の変化度合いは概ね決まっており、右肩下がりの具合は異なる。

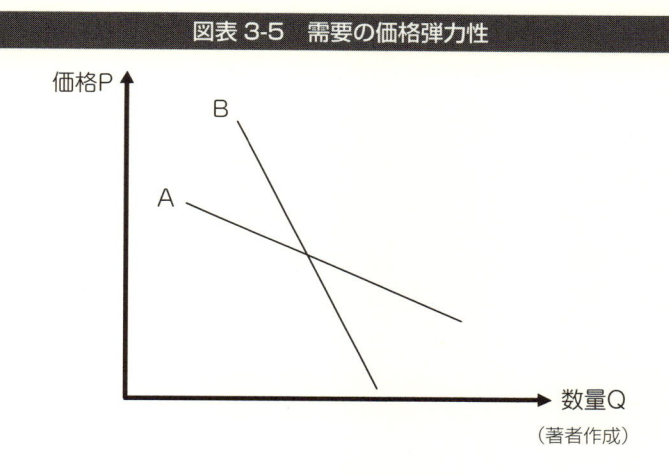

図表3-5　需要の価格弾力性

（著者作成）

　3Dテレビや海外旅行のような選択的に需要が発生するもの（A）は、価格次第で需要が大きく変動する（需要の価格弾力性が大きい）。この場合、企業は市場浸透価格を採って、市場を広げるのが望ましい。
　電気のように代替品の少ない生活必需品やNASAで使う宇宙服のような特殊な用途のもの（B）は、価格の変化が需要量にあまり影響を与えない（需要の価格弾力性が小さい）。とくに特殊な用途のものについては、上澄み吸収価格を採用し、利益率の向上や初期投資の回収を目指すと良い。
　なお、価格政策は不変でなく、製品ライフサイクルや市場環境の変化に応じて柔軟に変更する必要がある。とくに、差別化された商品で最初は上澄み吸収価格を採用していても、やがてコモデティ化が進むと市場浸透価格への変更が必要になる場合が多い。

4 チャネル(Place)

◆チャネル政策とは

3つ目のPがPlaceで、チャネル・経路を意味する。

チャネルとは、メーカーと顧客を結ぶ経路のことで、メーカー、卸売業者、小売業者という参加者で構成されている。

- **卸売業者**……メーカー生産業者と小売業者の中間に位置して、販売活動を行う業者。総合商社や商品分野を特化した専門商社、商流だけでなく物流機能も担う問屋などがある。
- **小売業者**……生産者、メーカー、卸売業者から購入した商品を最終顧客に販売する業者。百貨店、スーパー・マーケット、コンビニエンス・ストアや各種専門店などがある。

いくら価値のある商品を生産しても、的確に顧客に届けなければ、顧客に価値を実感してもらえない。ここで「的確」とは、顧客から見て、必要な商品を必要な時に、必要なだけ、納得できるコストで入手できる状態である。

こうした状態を実現するためには、メーカー、卸売業者、小売業者がバラバラに活動するのではなく、有機的につながり、効率的に活動する必要がある。

チャネルの構成を決めることを**チャネル設計**といい、「幅」と「長さ」の観点から定義できる。

「幅」とは、メーカーに対して卸・小売という流通業者がどれだけチャネルに参加しやすいか、あるいはメーカーから見てどの程度流通をコントロールするかという程度を意味し、最も広い**開放的チャネル**、やや狭い**選択的チャネル**、最も狭い**専属的チャネル**という3つの政策がある。

一方、「長さ」とは、メーカーから顧客（消費者・需要家）に届ける段階に、卸売業者・小売業者がどれだけ介在しているか、という程度を意味する。

なお、チャネルを構成するメーカー、卸売業者、小売業者という主体の中で、主導権を握ってチャネルを設計・構築するとともに、管理・運営する主体のことを**チャネル・リーダー**という。かつてはメーカーがチャネル・リーダーである業界が多かったが、近年、コンビニエンスストアに見るように、小売業者がチャネル・リーダーとなっている業界が増えている。

以下、チャネル・リーダーの立場から、チャネル設計と管理について見てみよう（ここでは便宜上、メーカーの立場から解説する）。

◆チャネルの「幅」

開放的チャネル・選択的チャネル・専属的チャネルという3つのチャネル政策にはそれぞれ、以下のような特徴、利点・欠点がある。

図表3-6　チャネルの「幅」

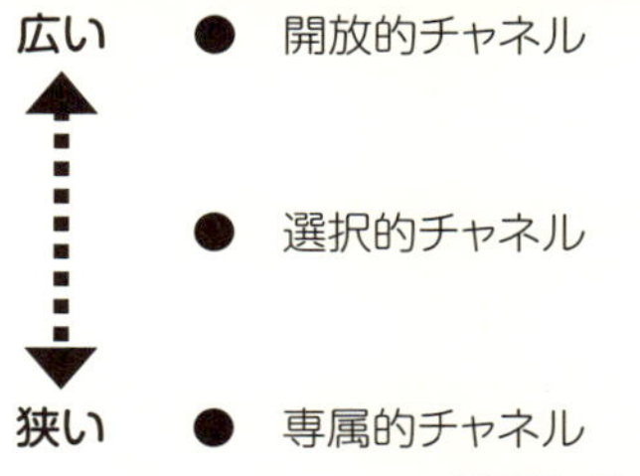

広い　● 開放的チャネル

　　　● 選択的チャネル

狭い　● 専属的チャネル

（著者作成）

① 開放的チャネル

メーカーから見て、制約を設けずにできるだけたくさんの中間業者に商品を取り扱ってもらい、幅広いストア・カバレッジを目指す政策である。ブランドの認知度や顧客の利便性を高めることができる。日用品などの最寄品では、開放的チャネルを採ることが多い。

制限を設けずに、できるだけ多くの卸売業者・小売業者に自社の商品を

取り扱ってもらうことにより、消費者の購買機会を増やし、売上の向上を図るというメリットがある。一方、デメリットは、取り扱い業者に自社の商品を優先して販売してもらうなどの融通が利きにくく、他社の商品との価格競争に巻き込まれやすいことである。

② 選択的チャネル

開放的チャネルに比べてややチャネル制限を緩めた、開放的チャネルと専属的チャネルの中間的な位置づけの政策である。小売業者が自社商品の販売に積極的である場合や長期的な取引実績がある場合、優先的に自社商品の供給を行うことがよく行われる。特に化粧品、医薬品や衣料品など比較的高額な商品にこの政策が用いられる。

③ 専属的チャネル

別名、**排他的チャネル**ともいう。最も狭いチャネルである。開放的チャネルとは対極で、メーカーが特定地域の中で小売店を選定し、そこでは競合他社の商品は扱わないという、メーカーと小売業者が一対一の関係である。自社商品の独占的販売権を持たせ販売協力してもらい、流通網をコントロールしようという政策である。

開放的チャネル政策に比べると小売店をコントロールしやすくなり、価格競争に巻き込まれにくいというメリットがある。しかし、知名度が低い商品では消費者の目に留まりにくいという点や海外からのブランド商品などではディスカウントストアが並行輸入して販売するケースもあり、小売店を完全にコントロールしきれないというデメリットもある。この政策は新車や高級専門店、有名高級ブランドに用いられる。

◆チャネルの幅の決定

広いチャネルにも、狭いチャネルにもそれぞれメリットがある。主なメリットは、以下の通りで、チャネル・リーダーは、それぞれを勘案してチャネルの幅を決定する。

〔広いチャネルのメリット〕
- たくさんの流通業者が商品を扱うので、販売量を増やすことができる。
- 市場カバレッジ（自社商品が流通している範囲）を広げることができる。商社を活用してグローバルに販売展開することはよく行われる。
- 流通業者同士の競争が促進され、流通が合理化される。

〔狭いチャネルのメリット〕
- 広いチャネルでどこでも売っている状態と比べて、商品の差別性やブランド価値を維持しやすい。
- 取引をする卸・小売業者が少ないので、流通プロセスをコントロールしやすい。したがって目標・ねらいなどを市場に浸透させやすい。

◆チャネルの「長さ」とは

チャネル「長さ」とは、メーカーから消費者に至るまでの経路に卸売業者・小売業者がどれだけ介在しているかという程度を意味する。

メーカーが最終的に消費者に届けるまでの間に、卸・小売が入っているのが長いチャネルである。卸売業者は一つとは限らず、産地卸、卸売市場、1次卸、2次卸と複数の卸が介在する商品もある。消費財、とくに農水産物や雑貨などは、一般にチャネルが長い。

一方、卸が抜け、小売りが抜け、メーカーが消費者・利用者に直販するのが短いチャネルである。デル・コンピューターが消費者に直接販売したのが象徴的な事例だが、近年は色々な業界・商品で短いチャネルが増えている。

◆チャネルの長さ

長いチャネル、短いチャネルには、それぞれ、次のようなメリットがある。

〔長いチャネルのメリット〕
- 卸の販売網を活用することができるので、販売量を増やしたり、市場カ

図表 3-7 チャネルの「長さ」

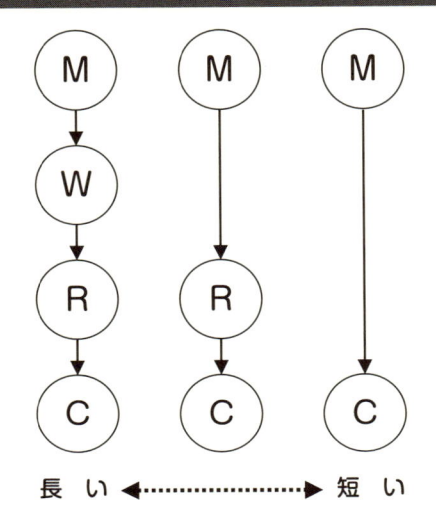

```
    M        M        M
    ↓        |        |
    W        |        |
    ↓        ↓        |
    R        R        |
    ↓        ↓        ↓
    C        C        C
```

長い ◄·············► 短い

Mはメーカー（maker）、Wは卸売業者（wholesaler）
Rは小売業者（retailer）、Cは消費者（consumer）

（著者作成）

バレッジを広げたりすることができる。

- 卸に取引の処理を委ねることができるので、取引コストを低減させることができる。メーカーが小売業者（あるいは消費者）と直接取引をすると、メーカー自身が取引の処理をしなければならない。しかし、卸を活用すると、取引を卸に委ねることができる。卸売業者の起用によって取引コストが削減されることを**取引数量最小化の原理**という。図表 3-8 のように、各メーカーがそれぞれ小売業者と取引する場合と比べて、卸売業者に取引を集約することによって、取引総数は 9（=3×3）から 6（=3+3）に減り、流通が合理化される。

- 卸を活用することで在庫のリスクを軽減できる。これを**不確実性プールの原理**という。図表 3-9 のように小売店がそれぞれ必要量の在庫を持つよりも、卸売業者が介在することで、流通全体の在庫量が減る。

第３章　マーケティング・ミックスの展開

図表３-８　取引数量最小化の原理

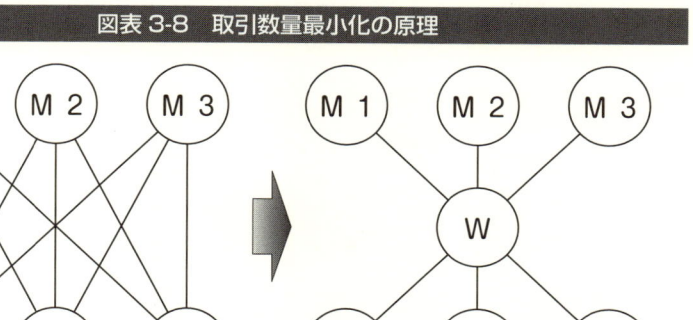

（．ホールの考え方を元に著者作成）

図表３-９　不確実性プールの原理

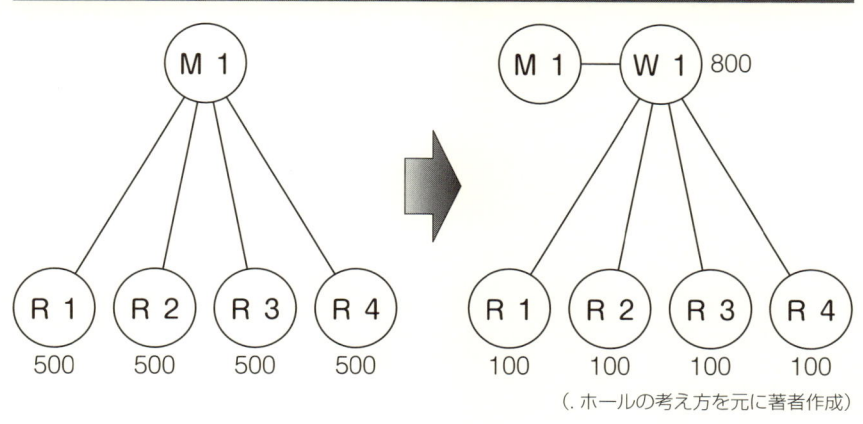

（．ホールの考え方を元に著者作成）

　なお、取引数量最小化の原理と不確実性プールの原理は、ホールの第一定理・第二定理と呼ばれ、卸売り業者の存在意義を説明している。

〔短いチャネルのメリット〕
- 卸売・小売業者に支払う中間マージンを削減できる。
- 消費者・ユーザーと直接情報交換ができる。自社がメッセージを伝える場合も、顧客から情報を収集する場合も、中間業者を介した伝言ゲーム

でなく、直接コミュニケーションしたいというニーズがある。

◆チャネルの短縮化と卸の対応

　長いチャネルにも短いチャネルにもそれぞれメリットがある。それらを勘案してチャネルの長さを決めるのだが、近年の傾向としては、チャネルが短縮化する動きが加速している。いわゆる「**卸の中抜き**」あるいは「**商社外し**」が進んでいる。

　これは、それぞれのメリットのバランスが崩れていることを意味する。とくに、近年のITの普及・高度化によって、取引コストと中間マージンのバランスが崩れている可能性が高い。

　ITが普及していなかった1990年代前半までは、受発注・在庫管理・代金回収といった取引の管理が煩雑だったので、卸に取引を集約することによって取引コストを削減するメリットが大きかった。ところが、ITの活用によって、取引を大量・高速・低コストで処理できるようになると、卸に中間マージンを払う意味がなくなった、ということである。

　また、近年GMSなど小売店の大型化が進んで取引する相手が減ったこと、コンビニエンスストアのように調達・物流機能を強化した小売業者が増えていることも、チャネルの短縮化をもたらしている。

　では、卸売業者あるいは商社が完全に消滅してしまうかというと、そうではないだろう。

　たとえば、同じ酒類でも、ビールのチャネルは短いのに対し、日本酒や焼酎のチャネルは長い。これは、ビールでは、(地ビールを除くと)メーカーの数が少ないのに対し、日本酒や焼酎では、小規模なメーカーが乱立しているからだ。日本酒・焼酎あるいは農水産物、日用雑貨といったメーカー数が多い業界では、卸による取引合理化の効果は大きい。

　また、卸売業者あるいは商社の中には、限界が明らかな従来の口銭商売から脱却し、小売業により深く入り込むことに活路を見出している企業は多い。こうした最近の動きを代表する**リテールサポート**(小売業への支援)

第3章　マーケティング・ミックスの展開

やソリューションの提供については、P95および第7章で紹介しよう。

◆チャネル・コンフリクト

設計したチャネルを運用することを**チャネル管理**という。チャネル管理における検討事項として、**チャネル・コンフリクト**がある。チャネル・コンフリクトとは、マーケティング・チャネル内における、目標の不一致、利益配分をめぐる対立などに起因するコンフリクト（衝突）のことである。

チャネルの「幅」に関して、卸売業者同士や小売業者同士といった同じ段階において発生するコンフリクトを水平的対立という。小売業者が営業エリアや特定の顧客を巡って対立するのが典型例である。

チャネルの「長さ」に関して、メーカーと卸売業者、小売業者との間といった異なる段階間において発生するコンフリクトを垂直的対立という。チャネルの短縮化に見るように、メーカー・卸売業者・小売業者は、チャネルを構成して共同で顧客に対して商品を届ける関係にある半面、利益を奪い合う対立関係にもある。

チャネル・リーダーには、チャネル・コンフリクトを未然に防止したり、制御・コントロールする役割が期待されている。具体的には、リーダーであるメーカーが小売業者間のエリアを調整したりすることがよく行われる。

◆垂直的対立と小売りの台頭

日本では、戦前から戦後長く1980年代に至るまで、メーカーがチャネル・リーダーとして君臨していた。松下電器産業（現パナソニック）が、ダイエーによるテレビの値引き販売を阻止するため、1964年に商品供給をストップした事件に象徴されるように、メーカー主導のチャネル管理が行われていた。

しかし、近年、メーカーの製品に差別性がなくなったこと、市場の成熟化で顧客ニーズを掴むのが難しくなったことから、チャネル内での小売りの発言力が増している。コンビニエンスストアが商品開発や物流管理を主

導している例に見るように、多くの業界・商品分野で小売りがチャネル・リーダーとしてチャネル管理を担うようになっている。

さらに最近は、**製販同盟**などのような、メーカーが従来の流通との関係を見直す動きが広がっている。

製販同盟とは、メーカーと流通業者・小売業者が業務提携を結び、商品の販売情報を共有したり、新商品を共同開発したりする、パートナーシップのことである。消費者に最も近い流通・小売業者が顧客ニーズをメーカー側に伝え、それに対応した商品をメーカーが提供することで、相互に大きなメリットがあると期待される。

変化の激しい消費者のニーズをとらえるため、こうした業態を超えたコラボレーション戦略が広がっている。

◆ SCM の展開

部品や資材を使って商品を生産し、卸売業者や小売りといった流通を経由して顧客に届けるまでの一連の流れをサプライチェーンと呼ぶ。チャネル・コンフリクトを解消するだけでなく、サプライチェーンが一体となって効率的な顧客対応を行うという近年の動きとして、**サプライチェーン・マネジメント**（Supply Chain Management、以下 SCM）がある。SCM は文字通り、サプライチェーンで一連の商品・情報の流れを正確に管理（マネジメント）することによって、チェーン全体の経営効率を最適化する経営手法である。

サプライチェーンを構成する生産財メーカー、完成品メーカー、卸売業者、小売業者、物流業者などは、基本的に対立関係にあるので、情報の共有が十分に行われていないことが多い。サプライチェーンの上流では顧客情報が、下流では生産情報が十分になく、商品開発・生産計画・販売計画・プロモーションが効果的でない、各チャネル参加者が必要以上の在庫を持つ、といった問題があった。

SCM によってこうした問題点の多くを解消することができる。IT シス

テムの発達によって、生産・在庫・販売などのデータを共有し、最適な調達、生産、配送を行う仕組みを構築することが可能になった。部品メーカーから、小売り、そして顧客に至るまでの商品の流れをネットワークで統合し、生産や在庫・購買・販売・物流などの各情報をリアルタイムに交換し、経営効率を大幅に向上させることが可能になっている。

こうした取り組みは、受発注データを交換・共有する**EDI**（Electric Data Exchange）など、古くからあったが、SCMではより広範に、より高度な情報活用を目指している。

◆リテールサポート

小売業者が台頭する中で、メーカーや卸売業者に期待されるのがリテールサポート（retail support）である。

メーカーや卸業者が、小売店や得意先の活性化のために、販売のための支援活動を行うことをリテールサポートという。具体的には価格や競合他社・キャンペーンに関する情報の提供、従業員教育、店舗指導などがある。

有名な取り組み事例は、アメリカの食品卸売業者　スーパーバリューである。スーパーバリューでは、リテールカウンセラーと呼ばれる担当者が取引先の小売店を頻繁に訪れ、経営問題から販売手法や顧客との付き合い方など、小売店経営に関するさまざまなアドバイスを与えている。基本は無料だが、専門的な内容のものは有料にしており、同社の重要な収益源となっている。

スーパーバリューのように、リテールサポートは売り場づくりや広告宣伝の提案といった従来の販売促進だけでなく、近年、広く小売店の経営管理全般を対象に高度化する傾向がある。もちろん、そうしたコンサルティングを提供するには、メーカーや卸売業者が業界の動向や小売店の事業・経営を深く理解する必要がある。

◆物流戦略の進化

　メーカー・卸売・小売を問わず、物流機能が重要になっている。

　企業の物流には購買物流と販売物流があり、従来は必要な物を必要な時に必要な量だけ調達・配送するのが物流の役割であった。ところが、近年は、調達コストを削減する切り札、顧客サービスを差別化する戦略要因として物流機能を強化する動きが広がっている。

　米国ウォルマートは、まず物流センターを新設してから、周辺で新店舗をドミナント展開していく。物流コストの削減もさることながら、商品供給など物流サービスの維持・向上を最優先するためである。日本でも、多くの小売チェーンが同様の取り組みを始めている。

　アマゾンなどネット通販は、巨大な物流センターを配置し、物流企業と連携して即日配送・時間帯指定配送など高度なサービスを実現した。多くのネット通販が物流を武器に躍進している。

　こうした高度な物流を実現するために、自社で物流機能を整備する企業が増えている。セブンイレブンでは、加盟店からの発注・販売データや在庫情報をメーカーと共有し、商品を計画的に生産している。そして、商品ごと最適な温度帯に分けて共同配送センターに納品し、各店舗に一括で平均1日9回配送している。こうした一過した物流システムによって、他社の圧倒する味・品質を実現している。

　また、3PLで物流機能を強化する方法もある。**3PL**（サードパーティーロジスティクス、Third Party Logistics）とは、コアコンピタンスに集約したいメーカー・卸売・小売が、物流機能の全体もしくは一部を物流企業に委託することである。

　ただ、こうした物流戦争というべき状況が、曲がり角を迎えている。ヤマト運輸など物流大手は、少子化に伴うドライバー不足で即日配送・時間帯指定配送が困難になり、2017年にサービスの一部制限や値上げに踏み切った。CO_2排出量の増加など環境問題も制約要因になっている。こ

うした問題を克服しながら物流機能を高度化させることが、重要な経営課題になっている。

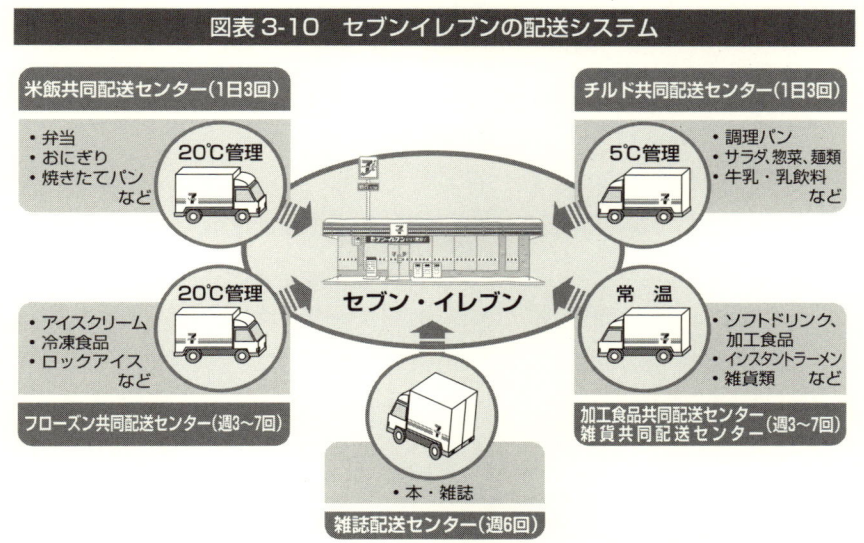

図表3-10　セブンイレブンの配送システム

米飯共同配送センター（1日3回）
20℃管理
・弁当
・おにぎり
・焼きたてパン　など

チルド共同配送センター（1日3回）
5℃管理
・調理パン
・サラダ, 惣菜, 麺類
・牛乳・乳飲料　など

20℃管理
・アイスクリーム
・冷凍食品
・ロックアイス　など
フローズン共同配送センター（週3〜7回）

常温
・ソフトドリンク、加工食品
・インスタントラーメン
・雑貨類　など
加工食品共同配送センター
雑貨共同配送センター（週3〜7回）

・本・雑誌
雑誌配送センター（週6回）

セブン・イレブン

（セブンイレブン・ジャパンのホームページより）

◆小売業態と小売りの輪

　小売業は、メーカーや卸売業者よりも栄枯盛衰が激しい。その大きな要因として、小売業では**業態**の変化が激しいことを指摘できる。

　流通業において、酒屋・電器屋・薬屋などのように、取扱商品の種類によって分類したものを業種という。これに対し、百貨店・コンビニエンスストア・ディスカウントストアなどように、営業形態による分類を業態という。つまり「何を売るか」が業種、「どのように売るか」が業態である。

　従来、日本では、業種ごとの分類が主流だった。しかし、商品も消費者ニーズも多様化するにつれて、単一の商品カテゴリーを取り扱う伝統的な業種店では消費者ニーズを満たしきれなくなった。百貨店・総合スーパー・コンビニエンスストアなどは、業種店の取扱商品を組み合わせて品揃えを広げることにより、消費者が個別の業種店を一軒ずつ回る（買い回り行動）

手間を省くとともに、生活におけるソリューションを提供している。

このように、消費者と直接的に接する小売業者は、消費者ニーズ・販売技術などの変化を受けて、絶え間なく業態を進化させてきた。新しい業態を作り出すことを**業態開発**といい、とくに小売店では重要な経営課題である。

小売業態の変化を考える上で有名なのが、マルコム・マクネイアの主張する**小売りの輪**（wheel of retailing）である。

新参者は安売り業態としてローエンドの市場に入ってくるが、それで成功すると利益率を上げるために高級化する。そうすると高コスト体質になり、別の低価格の新業態が現れて既存業態を駆逐する。この繰り返しによって小売業態が非連続的に進化するというのが、マクネイアの主張である。

衣料小売を見ると、伝統的な呉服屋が支配する江戸日本橋に「現金掛け値なし」の安売りで殴り込みをかけたのが三井の越後屋だった。その越後屋が幕府御用達となって高級化し、百貨店の三越となって長く小売業で売上高日本一だった。ところが、戦後、安売り業態として総合スーパーが出現し、1973年にダイエーが三越に代わって日本一になった。

図表3-11　小売りの輪

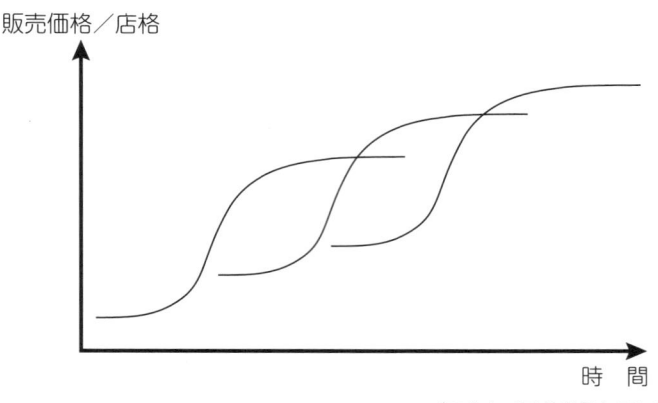

販売価格／店格

時　間

（マクネイアの考えを元に著者作成）

そのダイエーも、バブル期には高級化して失速し、1990年代以降はユニクロに代表されるカテゴリーキラー（特定のカテゴリーに特化した安売り業態）に取って代わられた。

この衣料小売の歴史に見るように、小売りの輪が当てはまる領域は多い。小売業では、売る商品もさることながら、売り方を変える**業態化**が重要であるという大きな理由である。

5 プロモーション(Promotion)

◆プロモーション戦略

4つ目のPはプロモーション（Promotion）である。

プロモーションとは、商品の価値や魅力を顧客に伝達して、顧客に購買という行動を起こさせるための活動のことをいう。

企業がどれだけ魅力的な商品を用意しても、顧客がその存在を知らなければ購買することはありえない。また、存在を知ったとしても、他に多くの選択肢がある現代の市場環境において、他社の商品や代替品と違った魅力を持つことを正確に把握しないと、購買しない。実際に顧客が商品を購入するか、しないか、という意思決定を行う上で、プロモーションのあり方がカギを握る。

プロモーションを行き当たりばったり実施するのではなく、第2章で検討した戦略・目標を実現できるよう、合理的に設計する必要がある。

なお、プロモーションに代えて、**コミュニケーション**という用語を使う場合もある。Pro（前へ）+motion（動かす）という用語は、企業から見た押しつけ、一方通行の活動であり、プロダクトアウトの発想になりやすい。モノがあふれている時代に、企業が押し付けても売れるわけではなく、顧客と双方向型のコミュニケーションの発想を持つことが大切だ。とはいえ、一般的には4Pの一つということで、プロモーションで記憶しておく

方が有用だろう。

◆プロモーション・ミックス

一般にプロモーションには、**セールス・プロモーション、人的販売、広告宣伝、パブリシティ**の4つの具体的手段がある。

① **セールス・プロモーション**

「狭義の販促」とも呼ばれ、キャンペーンなどによって、消費者の購買意欲や流通業者の販売意欲を引き出す取り組みである。セールス・プロモーションの手段は、消費者向け、流通チャネル向け、社内の営業担当者向けの3つに分類できる。

- **消費者向け**……潜在顧客に試用の機会を提供したり、値引きや景品を付けるなどの手段で購買の意向を促したりするもの。サンプリング（商品の試用）、デモンストレーション（商品の実演）、イベント・スポンサーシップ、値引き、景品、店頭ディスプレイなどがある。
- **流通チャネル向け**……卸売業者や小売業者へのインセンティブである。具体的な方法としては、報奨金、バックマージン、報奨旅行、陳列コンテストなどがある。
- **社内営業担当者向け**……営業担当者の販売意識やスキルの向上を狙って行う。具体的な方法としては、セールス・マニュアルの作成や販売コンテストの実施などがある。

セールス・プロモーションによって、企業はターゲット顧客に詳細な情報を提供することができる。逆に、費用がかかること、広い顧客層に展開しにくいことなどがデメリットである。

② **人的販売**

営業担当者・販売員が顧客に対して直接的なコミュニケーションを行い、販売を成立させる活動である。高い知識を持った営業担当者・販売員が商品や顧客に合った人的販売を展開することによって、顧客の購買を引き出

すことができる。なお、顧客を訪問して注文を獲得する活動をするのを**営業担当者**（あるいは営業パーソン）、小売店などの店頭で接客活動をするのを**販売員**と区別する。

　日本のように人件費が高い先進国では、プロモーション手段の中で、人的販売が最もコストがかかる。しかし、詳細な情報を提供するとともに、顧客の購買行動を直接的に促すという点で、最も効果が大きいのが人的販売である。

③　広告宣伝

　PR（Public Relations）活動の一つで、商品情報など企業のメッセージを、メディアを通して顧客に届けることである。広告媒体は、新聞・雑誌・テレビ・ラジオなどのマスメディアの他、ホームページ、ダイレクトメール、街頭パネル、ネオンサイン、電車・バスの中吊り、小売店頭のPOP（point of purchase）など幅広い。企業は、商品特性や顧客層などを勘案してメディアを選択する。

　広告宣伝は、広い層にメッセージを伝えることができるのがメリットである。ただし、セールス・プロモーションや人的販売と比べて、深い情報を伝えたり、顧客の購買行動を直接的に促すことはできない、という限界がある。

④　パブリシティ

　PR活動の一つで、事業や商品を新聞・雑誌・テレビ・ラジオなどのマスメディアにニュースとして取り上げてもらうよう働きかけることである。広告宣伝との大きな違いは、パブリシティではマスメディアに対して企業が代金を支払わないことである。

　広く消費者に伝達することができる点は広告宣伝と同じだが、マスメディアが中立の立場から報道するので、消費者に良好なイメージを与える可能性が高いのが、広告宣伝と比較したメリットである。また、コストも（あまり）かからない。ただし、広告宣伝や他のプロモーション手段と違って、自社がコントロールしにくく、狙った層に狙った内容を伝えるのが難しい。

なお、パブリシティとは別に、**口コミ**を第5のプロモーション手段とする見解もある。

この4つを**プロモーション・ミックス**という。つまり、これら4つをバラバラに実施するのではなく、有機的に組み合わせてミックスとして展開することで、顧客に対する効果が高まる。

◆プッシュ戦略とプル戦略

プロモーション・ミックスは、**プッシュ戦略**と**プル戦略**に分類することができる。

プッシュ戦略とは、流通業者（小売店など）にメリットを提供することで自社商品の取り扱い強化や購買者への推奨をしてもらい、販売現場で購買を促すために「押す（push）」戦略である。具体的には、メーカーが卸業者や小売業者に対して資金援助（リベート）、販売支援や人的支援などを行い、小売業者が消費者に対して商品の優秀さを説き、購買を促す形をとる。

プル戦略とは、メーカーが広く消費者に対して直接的にアプローチし、

図表3-12　プッシュ戦略とプル戦略

プッシュ戦略	プル戦略
メーカー → 卸売業者 → 小売業者 → 消費者	メーカー ← 卸売業者 ← 小売業者 ← 消費者（メーカーから消費者へ販売促進の流れ）

→ 販売促進の流れ
⇨ 注文の流れ

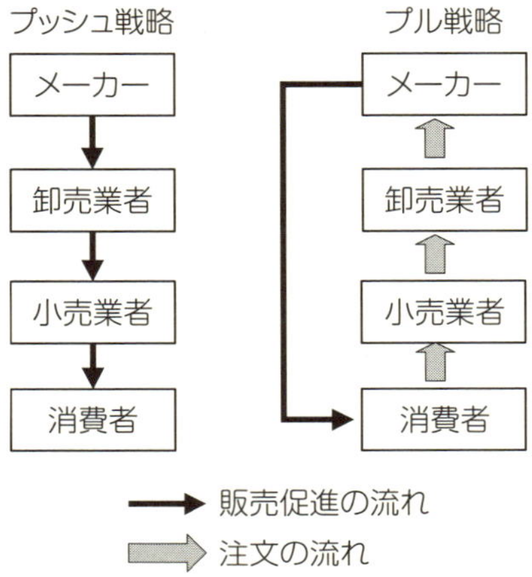

（著者作成）

購買意欲を喚起することによって指名買いさせることを狙う、顧客を「引き込む（pull）」戦略である。消費者へのアプローチは、主に広告宣伝やパブリシティなどが用いられる。広告宣伝では、商品の認知度を高めることはもちろん、理解を高めて購買に結びつけることが重要になる。

　大雑把にいうと、プロモーション・ミックスのうち、①セールス・プロモーションと②人的販売をプッシュ戦略、③広告宣伝と④パブリシティをプル戦略と分類することができる。

◆プッシュとプルの使い分け

　ある程度の規模の企業は、プロモーション・ミックスのどれか一つというわけでなく、すべてを実施している。ただし、漫然とプロモーションを実施するのではなく、プッシュとプルが補完し合うようにすること、プッシュに重点を置くか、プルに重点を置くか、と使い分けることは重要である。
　以下のような要因を考慮して、プッシュとプルを使い分ける。

- 顧客の特定性。個人に販売する場合や地理的に広い範囲を対象とする場合、プル戦略によってプロモーションの効率が高まる。一方、特定業種のユーザーに売る場合や店頭・狭いエリアで展開する場合、プッシュ戦略によって顧客の購買行動により強く働き掛けることができる。
- 商品の専門性。専門性の高い商品の場合、プッシュ戦略、とくに人的販売によって顧客に対し丁寧な説明をする必要がある。逆に、専門的な説明を必要としない商品の場合、プル戦略によってプロモーションの効率を高めることが行われる。
- PLCの発展段階。導入期や成長期初期では、プル戦略によって商品の認知度を高める必要がある。成熟期・衰退期になると、他社との差別性を強調するためにプッシュ戦略を多用する。
- AIDMAの段階。顧客が商品を認知してから購買に至るまでのプロセスをモデル化したのがAIDMA（Attention 注意→ Interest 関心

→ Desire 欲求→ Memory 記憶→ Action 行動。Memory がなく、すぐ購買すると AIDA）である。初期段階の A（注意）や I（興味）ではプル戦略が、実際に購買する A（行動）ではプッシュ戦略が有効である。

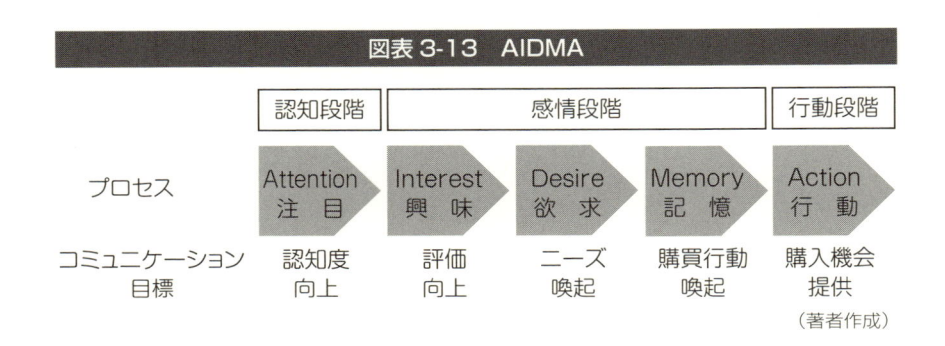

図表 3-13　AIDMA

プロセス	認知段階	感情段階			行動段階
	Attention 注目	Interest 興味	Desire 欲求	Memory 記憶	Action 行動
コミュニケーション目標	認知度向上	評価向上	ニーズ喚起	購買行動喚起	購入機会提供

（著者作成）

なお、顧客が自ら購買を求めることはなく、強引にプッシュをしないと売れないような商品のことを不求品という。墓石や（従来型の）生命保険などが不求品の代表例である。

◆統合的なプロモーション・ミックスを作り出す

プロモーション・ミックスは、バラバラではなく統合的に展開することが大切である。ここで、統合的なプロモーション・ミックスを展開した代表的な事例として、コカ・コーラを紹介しよう。

アメリカのザ・コカ・コーラ・カンパニーは、設立直後の1892年、社長のキャンドラーが原材料費の半分を店頭用のビラ、カレンダー、ノベルティ、新聞広告などプロモーション費用にあてた。1894年には、無料でコカ・コーラが飲めるというクーポン券を14万杯分も配った。無料引き換え券は、キャンドラーが経営を引き継ぐ前（1886年）にも配っているが、キャンドラーのやり方はユニークだった。

まず、巡回セールスマンが薬局や薬局内にあるソーダファウンテンを訪問する。その店主に無料キャンペーンの話をして、店主から顧客リストを

入手する。

　コカ・コーラ本社は、リストにもとづいて無料試飲券を顧客に郵送し、相当分のコーラ原液を店主に提供する。同時に、その店に店頭用のポスター広告と販促用品を送付する。販促用品とは、コカ・コーラのロゴを入れたピッチャーやキャビネット、ケース、トレー、鏡、時計などで、そのまま店で使えるものばかりである。

　やがて、無料お試し券を持った客が店に来る。店主は、相当量の原液と、営業に必要な道具や用品が届いているので、すぐに対応できる。

　こうしたダイレクトメールを使ったプル戦略とノベルティを利用したプッシュ戦略が巡回セールスマンを通じた人的販売とマッチして、コカ・コーラを扱う店は急速に増大した。

ケースの解説

　本ケースは、マーケティング・ミックスのあり方を問うものである。

　既存市場での売上高が減少する中、伸びている新しい市場にターゲットを置くのは、企業として当然の行動だが、合理的なマーケティング・ミックスが伴わないと、なかなか売れない。

　まず、マーケティング・ミックスを検討する前に、目標やコンセプトが妥当かどうかにを検討する必要がある。「走る楽しみ」というコンセプトは、競技者に本格的な高品質商品を提供してきたナルミのこれまでの全社戦略とやや相いれない印象がある。全社戦略を変更して「ライトな層」を狙うのか、東京マラソン出場を目指すような「マジな層」を狙うのか、といった点をまず明らかにするべきだろう。

　その上で、マーケティング・ミックスを構築していく。仮に額面通り「ライトな層」を狙うとすれば、ナルミが実施している4Pは、かなりちぐはぐである。

　まず、商品については、競技用の商品を単純にグレードダウンするだけでは、消費者の心を掴めない。履き心地を重視するとともに、他のランナー

から見られて注目されるようなファッション性が必要かもしれない。ブランドの変更も検討に値する。

　最低1万5千円という上澄み吸収価格は、ライトな層にとっては割高で、需要の広がりを期待しにくい。

　チャネルは、既存のスポーツ用品店を中心に展開しているようだが、GMSへの展開やネット販売などを検討する余地があろう。

　プロモーションも、人的販売によるプッシュ戦略が主体で変わっていないが、広く一般ランナーに商品を浸透させるには、広告宣伝などプル戦略も必要だろう。

　全体的には、「走る楽しみ」という思い切ったコンセプトにマーケティング・ミックスが伴っていない状態だと言える。コンセプトを見直すか、マーケティング・ミックスを見直すか、早急に対応が必要だ。

第3章 マーケティング・ミックスの展開

検討課題

- 自社のマーケティング・ミックスは、基本戦略との整合性、ミックスとしての統合性があるか。
- 商品戦略では、中核的な便益・商品そのもの・付随的サービスのどこを重点に顧客に訴求しているだろうか。業界の競争の舞台はどこにあるか。
- 自社の商品は、製品ライフサイクルのどの段階にあるか。段階ごとの状況に応じた適切なミックスを展開しているか。
- 自社の商品は、どのように普及率16%のキャズムを超えたか。
- 勘や経験に頼りすぎず、合理的なプロセスに則って新商品開発を進めているか。オープンイノベーションなど、幅広く機会を求めているか。
- 価格政策は、需要志向・競争志向・原価志向のどれを主体にしているか。
- 新商品の価格政策は、上澄み吸収価格か、市場浸透価格か。
- チャネルの幅は、開放的チャネルか、選択的チャネルか、専属的チャネルか。
- チャネルの長さは、長いか、短いか。近年、短縮化する傾向はあるか。
- チャネルにどのようなコンフリクトがあるか。製販同盟やSCMなど他社と連携してチャネルの効率化に努めているか。
- プロモーションでは、どのような活動を実施しているか。プロモーション・ミックスは、プッシュが主体か、プルが主体か。
- プロモーション・ミックスに統合性があり、基本戦略の実現に貢献しているか。

第4章
ブランド戦略

　商品の技術的な性能・品質が均質化し、他社との差別化要因としてブランドへの注目が集まっている。この章では、ブランド戦略の考え方、ブランドの構築・管理について検討する。

ケース「上五島の地域ブランド化」

　上五島は、長崎県の西、東シナ海の五島列島にある面積214k㎡の離島である。

　人口は1万9870人（2017年3月末）と、全国の離島の中では多いが、年々過疎化が進んでいる。新上五島町の財政は悪化し、島全体が衰退している。

　上五島には、石油備蓄基地、公共工事に依存した土建業者、島民のための小売店・飲食店などがある程度で、大きな雇用を生む産業はない。そのため、高校を卒業すると島外に就職する若者が多く、少子高齢化、過疎化に拍車を掛けている。

　地域再生の切り札として期待がかかるのが、観光である。島内には、2016年に世界遺産登録の国内候補に選ばれたキリスト教会群があり、注目を集めている。

　しかし、九州や本州からのアクセスが悪いため、世界遺産の暫定リスト入りした2007年以降も、国内候補に選定された2016年以降も、観光客数はあまり伸びていない。飛行場があるが、定期航空便は2006年に廃止された。フェリーや高速船で、福岡市から6時間半、ハウステンボスのある佐世保市から1時間20分、観光地として人気の長崎市から1時間15分かかる。

　同じ五島列島の中でも、上五島の南にある福江島は、飛行場もあってアクセスがよい。上五島に比べ平坦で、国際トライアスロン大会が毎年開かれるなど、観光地として人気を集めている。

　上五島の特産品としては、鯖・ゴン鯵・飛び魚（九州では「アゴ」と呼ばれる）に代表される海産物、椿油、五島うどんなどがある。いずれも味・品質は折り紙つきだが、大分の関サバ、伊豆大島の椿油などと比べ、知名度では見劣りする。また、教会群も、一つ一つの教会は地域密着の鄙びた小規模なもので、長崎市内の大浦天主堂や浦上天主堂

といった全国区の教会に比べてまったく無名である。

　浜口武司は、島内で土産物店を経営している。自身の店は家族が食べていける程度の来客があるが、島の将来には強い不安を感じる。商工会議所で経営者仲間と集まるたびに、酒を酌み交わしながら島の再生策について語り合ってきた。しかし、口をついて出てくるのは「アクセスが悪い」「若い人がいない」などグチばかりで、なかなかいいアイデアは出てこない。

　ある日、浜口は、来島した知り合いの新聞記者から「地域のブランド化」という話しを聞いた。地域のブランド化とは、①地域から生まれた商品を地域ブランド商品として確立すること、さらには、②地域が持つイメージを高めていくことなどを指す。餃子の宇都宮、オタクの秋葉原、ファッションの自由が丘のように、地域をブランド化し、活性化している事例が多数あるという。

　浜口は以前にもブランドという言葉を耳にすることはあったが、それは特産品をブランド化するという話しであった。「なるほど、地域のブランド化か……」と思った。

❶ ブランド戦略の重要性

◆ブランドへの注目

　近年、各社が提供する商品の技術水準が均質化し、中核的な便益で他社と差別化するのが難しくなっている。それにともない、ブランドのあり方に注目が集まっている。

　ブランドとは、商品を他社の商品と識別するための名前、用語、デザイン、シンボルをはじめとする特徴およびそれらの組み合わせのことをいう。

　とくに消費財では、中核的便益で差別化するのが難しいこと、顧客の知

覚・嗜好が購買の重要な要因であることから、ブランドが重要な役割を果たす。また、サービスにおいても、可視化が難しいことから、ブランドによる差別化が有効である。

ファッション商品では、昔からブランドの重要性が指摘され、さまざまな取り組みが行われてきた一方、それ以外の商品ではあまりブランドは重視されていなかった。

しかし、近年はファッション以外の消費財、さらには生産財やサービスにもブランド戦略への取り組みが広がっている。また、商品だけでなく、「MUJI（無印良品）」のように事業、「Intel」のように企業、さらには「秋葉原」のように地域をブランド化することもある。

◆ブランドの機能

ブランドには、顧客あるいは企業にとって、以下の3つの機能がある。

- **識別機能**……消費者が当該商品と他の類似する商品とを識別するための手段であるという、ブランド本来の機能。たとえば、果物は外見だけでは品質などの差異を認識できないが、「ドール」「サンキスト」といった名前・シールがあると、消費者は容易に識別できる。つまり、ブランドは商品を識別するための消費者の手間・コストを低減させるのである。
- **品質保証機能**……同じブランド名のついた商品は、同じような品質・レベルの商品であることを示す機能。たとえば、現在ネスレの「KitKat」は、「きな粉味」「抹茶味」「醤油味」などさまざまなバージョンを展開しているが、消費者は「KitKat」というブランドが付いていることで、いずれも一定以上の品質であることを確認できる。ブランドによって、顧客は品質を確認する手間・コストを省けるとともに、安心して商品を購入・利用できる。
- **意味づけ・象徴機能**……当該ブランドが独自に持っている意味や価値を顧客に示す機能。たとえば、米は基本的にコモディティであるが、「こしひかり」「あきたこまち」といったブランド名を冠することで、味・品

質の良さをアピールし、高級品として意味づけしている。ブランドは、企業にとっては、商品の差別性をアピールする広告宣伝効果がある。

　これらの機能を一言でまとめると、ブランドとは顧客が商品（あるいは企業・事業・地域）に対して寄せる信頼であるといえる。
　こうしたブランド機能を強化した結果、顧客が他の代替となるブランドがあるにもかかわらず、特定のブランドを繰り返し購買し続けることを**ブランド・ロイヤルティ**（brand royalty、ブランドへの忠誠度）という。企業から見て、ブランド・ロイヤルティが高いブランドが良いブランドということになる。

◆能動的にブランドを作り出す

　ブランドには、企業が意図的に創り出すという能動的な側面と消費者に商品が支持された結果として形成されるという受動的な側面がある。
　たとえば、アメリカを代表するブランドであるコカ・コーラは、1886年の発売以来、ブランドを強く意識し、P104で紹介したような一貫したマーケティング活動を続け、強力なブランドを創り出した。一方、20世紀に世界の食文化がアメリカナイズされる中、コカ・コーラが世界に広がった結果、アメリカを代表するブランドとして認知されるようになったという側面もある。
　日本では、ブランドを結果と捉える、後者の見解が優勢である。メーカーでは品質神話、サービス業では真心への信仰が強いので、「ブランドというのは、品質の良い商品、真心のこもったサービスを提供し、顧客が満足して形成される結果の話しである」と考える経営者・管理者が多い。「やたらとブランドを強調するのは、品質や真心が不十分な状態を糊塗しているのだ」と言い切る人もいる。
　たしかに、ブランドに結果としての受動的な側面があるのは事実である。ただし、現代の市場・競争環境において、品質や真心は、企業として果た

すべき当然の前提条件に過ぎない。品質や真心を超えて、顧客に対し他社と違ったメッセージを伝達し、顧客のブランド・ロイヤルティを高めるには、ブランドは決定的に重要である。

まず、経営者・管理者がこうしたブランドに対する認識を改めること、これなくして、「ブランドがブームだから」と飛びついても、大きな効果は期待できないだろう。

❷ ブランドの構築と管理

◆ブランド構築

優れたブランドを構築し、ブランド・ロイヤルティを獲得・維持するには、プロセスを踏んでブランドを構築すること、PDSサイクルを回してブランドを管理することが大切である。

ブランド構築（**ブランディング**：brandlingともいう）というと、「どういうテレビCMを作ろうか」「パッと注目を集める斬新なブランドネームはないものか」といった各論（後ほど説明するブランド要素）に向かいやすい。そして、各論のところでは、天才的な閃きやセンスが強調される。

しかし、閃きやセンスで作られたブランドは、一時的なブームで終わり、長続きしない場合が多い。製作者の閃きが必ずしも自社の目指すビジョン・戦略と合致せず、一貫した取り組みが行われにくいこと、製作者の属人的な能力に依存するので、企業全体に共有されにくいこと、などが原因である。

ブランド構築では、図表4-1のような手順を踏むと良いだろう。戦略立案の基本として大きなところを決めてから細部の検討に進むべきである。

◆ブランドの基本的方向性

ブランド構築の出発点は、現在の自社のブランドの現状分析である。自社のブランドについて、次のような点を確認する。

第4章 ブランド戦略

図表 4-1 ブランド構築の手順

① 現状分析
↓
② 基本戦略
↓
③ ブランド・コンセプト
↓
④ ブランド要素
↓
⑤ マーケティング・ミックス
↓
⑥ 評価・統制

（著者作成）

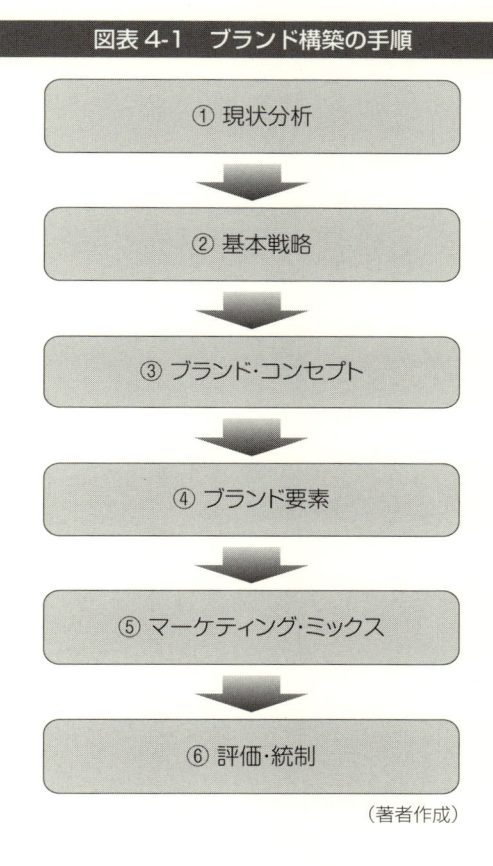

- どのようなブランド・イメージか、とくに他社との違いは明確になっているか。
- 顧客認知度は高いか。とくに、ターゲットの顧客層に対し、十分に浸透しているか。
- ブランド機能を十分に果たしているか。

つづいて、現状認識に基づき、ブランド変更の要否を判断する。ブランドを変更するのか、しないのか、従来展開してきた市場の中でブランドを深めるのか、新しい市場に出て行くのか、という2つの軸から戦略を決

定する（図表4-2）。

① 既存ブランド×既存市場＝市場浸透
② 既存ブランド×新規市場＝市場開拓
③ 新規ブランド×既存市場＝市場開発
④ 新規ブランド×新規市場＝ブランド多角化

図表4-2　ブランド基本戦略

		ブランド	
		既　存	新　規
市場	既存	① 市場浸透 リスク：小	② ブランド開発 リスク：中
	新規	③ 市場開拓 リスク：中	④ ブランド多角化 リスク：大

（恩蔵直人のアイデアを一部修正）

　もちろん、①が最もリスクが小さく、④が最もリスクが大きい。③④はその中間である。自社のビジョン・目標・経営状態や市場・顧客のニーズなどを勘案し、4つの中から基本戦略を選ぶ。

◆ブランド・コンセプト

　新規にブランドを展開する（③と④）ならば、ブランド・コンセプトを確立する必要がある。**ブランド・コンセプト**（brand concept）、あるいはブランド・アイデンティティ（brand identity）とは、企業から見て、顧客にどういうブランドだと思ってほしいのか、という内容である。
　ブランドの特徴がターゲット顧客に伝わるのが、優れたブランド・コンセプトである。したがって、ターゲット顧客を明確にする、伝達内容を明

確にする、という手続きが必要になる。

　たとえば、無印良品の場合、ターゲット顧客は、「団塊の世代ジュニアなど35歳の女性」、伝えたい内容は「生活の基本となる本当に必要なものを、本当に必要なかたちでつくる」という「シンプルさ」「安さ」である。

　無印良品は、どの世代にも受けようと思わず、顧客ターゲットを絞り込んだこと、あれこれ伝えようと思わず、わかりやすさを第一にしたことが、成功につながっている。

　顧客ターゲットや伝達内容を絞り込むと、十分な顧客を獲得できないのではないか、という不安感がある。しかし、幾多の成功例・失敗例を見ると、結果的に顧客ターゲットや伝達内容を絞り込んだ方が、特定の顧客層から強力なブランド・ロイヤルティを生むだけでなく、幅広い層から顧客の支持を得ている。

　絞り込みを意識してブランド・コンセプトを確立するには、競合する他社ブランドを選んで、ポジショニング・マップを作成すると良いだろう（P42参照）。

◆ブランド要素

　ブランド・コンセプトをよりよくターゲット顧客に伝達するために、**ブランド要素**を決めていく。ブランド要素とは、ブランドを構成する要素で、以下のようなものである。

- **ブランドネーム**……ブランドの名称。小林製薬の「熱さまシート」のように、商品の特徴を表し、簡潔で覚えやすく、語感がそのブランドに適合していることが重要である。
- **ロゴ**……ブランドネームを表す字体のこと。コカ・コーラの斜体のロゴのように、顧客がパッと見ただけで識別できるのが理想である。
- **シンボル**……ブランドを表すマークのこと。ベンツのスリーポインティッドスターや花王の三日月マークのように、（ロゴと同様に）顧客

がパッと見ただけで識別できるのが理想である。
- **キャラクター**……シンボルの一種で、実在もしくは架空の人物や動物などでブランドを表現するもの。不二家のペコちゃんなどが有名。著名タレントを使うのも効果的だが、架空の人物と比較し、タレントは加齢や人気・不人気でイメージが変化しやすい点には注意を要する。
- **スローガン**……ブランドが伝えたいメッセージを短い文言で表現したもの。ナイキの「Just do it!」などが有名。シンプルに伝えたい内容を表現することが望ましい。
- **ジングル**……音楽によるブランドのメッセージ。日立の「この木何の木」などが有名。聞き手に良好なイメージを与えるとともに、記憶に残ることが期待される。

こうしたブランド要素は、ブランド戦略やブランド・コンセプトと整合していることが重要である。どれだけ芸術的な価値が高いロゴでも、人気の高いキャラクターでも、それがブランド戦略やブランド・コンセプトと合致していないようでは意味がない。広告代理店やブランド・コンサルタントは、とくかく人目を引くブランド要素を作ることやそれを広告宣伝することに集中し、ブランド戦略など基本の部分を軽視してしまう場合も多いので、注意を要する。

◆マーケティング・ミックスの実行

このようにしてブランドが固まったら、マーケティング・ミックスを実行する。マーケティング・ミックスについては第3章で詳述したが、それらをブランドという視点から見直すという意味である。

商品では、ブランドネームやデザインを見直す。価格では、ブランド・イメージに合致したプライシングをする。チャネルでは、ブランド・コンセプトに合致し、賛同してくれる流通業者を起用する。プロモーションでは、広告宣伝によってブランド要素の露出を増やす。

とくに重要であり、注意を要するのが広告宣伝である。ブランド定着のために行う広告宣伝のことを**ブランド・コミュニケーション**と呼ぶことがある。顧客のブランド認知を高めるために、広告宣伝によってブランド要素の露出を増やすことが一般的に行われており、「ブランド構築＝広告宣伝」という理解が広く定着している。

たしかに、顧客のブランドへの信頼はコミュニケーション量に大きく依存するので、広告宣伝を増やすことは大切だ。しかし、コストもかかるので、闇雲に広告宣伝に金を掛ければ良いというわけではない。ターゲットを意識して、メッセージをわかりやすく伝えるよう、工夫が必要だ。

◆評価・統制

ひとたび良好なブランドを構築しても、安心できない。初対面の異性に一目ぼれすることはあっても、全幅の信頼を寄せることは少ないのと同じように、顧客がブランドを信頼し、ブランド・ロイヤルティを示すようになるには、長期間のコミュニケーションが必要だ。その長い期間に、企業の方は一貫して変わらなくても、市場動向や顧客の嗜好が変化してしまうかもしれない。

ブランドを陳腐化させず、市場・顧客の変化に合わせつつ定着させるには、ブランドを構築してお終いではいけない。長期間のコミュニケーションを取るとともに、ブランドを改善していく必要がある。ブランドが市場・顧客に適合しなくなったら、ブランド要素を修正するか、不適合が大きい場合、ブランド・コンセプト、さらにはブランド戦略を見直すべきかもしれない。

そのためには、ブランドを評価し、改善するというPDSサイクルを回す必要がある。顧客のブランド認知度など、P115の項目を定期的に調査すると良い。

また、ブランド認知度のような結果だけでなく、マーケティング・ミックスを展開する活動プロセスについても評価することを勧めたい。近年、広告宣伝の効果を検証することは行われるようになったが、それだけでな

く、顧客との最大の接点である人的販売の良し悪しは、ブランドに大きな影響を与える。

❸ ブランド経営

◆ブランド拡張

　ブランドは企業にとって重要な、場合によっては最大の資産である。せっかく構築したブランドをただ維持・強化するだけではもったいない。

　ある商品や事業で確立されたブランドを利用し、自社の事業展開に有利になるよう活用することを**ブランド拡張**という。ブランド拡張によって、ブランドの価値を最大化することができる。

　ブランド拡張の代表例としてウォークマンをあげる。1979年に登場した初代ウォークマンは、カセットテープ用のモデルとして発売された。その後、CDプレーヤー、MDプレーヤーと記録メディアの変遷を追って商品を拡大し、30年以上たった今日もなお、iPodと並ぶ携帯用デジタルオーディオプレーヤーの代名詞となっている。市場の変化を的確に捉え、長期に渡って新鮮さを保った好例といえよう。

　ブランド拡張のメリットは、元となるブランド（傘ブランド）と派生したブランド（サブ・ブランド）に分けて考えることができる。

　傘ブランドにとってのメリットは、ブランドのイメージや存在感を誇示・強化できることができる。とくに、ブランドが陳腐化しつつあるような場合、顧客に対してブランドを再認識させたり、新しい顧客を掘り起こす効果がある。

　サブ・ブランドにとってのメリットは、傘ブランドの知名度を活用できるので、単独でブランドを構築する場合と比べて、短期間、低コスト、低リスクになることである。

　一方、ブランド拡張にはデメリットもある。最大のデメリットは、傘ブ

ランドのイメージぼやけてしまうことだ。傘ブランドとサブブランドが顧客を食い合うことを**カニバリゼーション**（cannibalization 共食い効果）という。

たとえば1980年代に、バイクのハーレー・ダビッドソンは、タバコやワインクーラーなどのカテゴリーにハーレー・ブランドの製品を展開したが、あえなく失敗に終わっている。

◆ブランド経営へ

最近は、ブランドを商品の一属性としてではなく、経営資産（エクイティ）と捉え、体系的に管理することに関心が広がっている。単独のブランドを構築・強化するのもさることながら、ブランド拡張を行い、さらに企業が保有する複数のブランドを体系化し、ポートフォリオ（資産の組み合わせ）として管理することが試みられるようになっている。

強いブランドを育成・強化する一方、見込みのないブランドを合理化、場合によっては廃止する。それだけでなく、各ブランドがシナジーを持ち、ブランドの資産価値と負債の差額であるブランド・エクイティを総合的に高めるように管理する。

こうした取り組みを**ブランド経営**と呼ぶことがある。

たとえば小林製薬は次のような、「ブランド憲章」を掲げている。

「私たちは、日々変化し進化するお客様のニーズを解決するだけでは満足しません。

お客様も気づいていない必要なものを発見し、「こんなものがあったらいいな」をカタチにし、一刻も早く送り届けます。

お客様の立場で開発した製品やサービスが、社会の信頼、お客様の期待を裏切ることのない品質を私たちは追求します。

暮らしの中の発見から生まれた喜びが、いつしか世界にも広がることを夢見て。

私たちは、お客様と深く関わり合い、今までになかった満足を提供することによって社会に貢献する開発中心型企業です。」

　小林製薬は、この憲章の下、「ブランドスローガン」として「あったらいいなをカタチにする」を掲げ、明快かつ一貫した顧客とのブランド・コミュニケーションを行い、ヒット商品を連発している。
　こうしたブランド経営は、企業としてどういう存在価値を顧客に示していこうかということであり、マーケティングという枠に中にとどまらず、経営の根幹に関わるテーマである。言い換えれば、マーケティングは企業経営の「やり方」に関わるテーマであり、ブランドは企業経営の「あり方」に関わるテーマなのである。

ケースの解説

　このケースは、地域ブランド化をテーマにブランド構築を検討するものである。
　日本各地で地域ブランド化が進められており、数多くの地域ブランドが誕生している。華々しい成功例が喧伝されているが、現実の成功確率は必ずしも高くない。コンサルタントに高い報酬を払っただけに終わったということが珍しくない。
　高齢化・過疎化が進み、本州や福岡からのアクセスの悪い上五島は、全国各地の地域ブランド化の中でも、とりわけ難易度が高い。「こうすれば大丈夫」という秘策はなさそうだ。
　まず大切なのは、思い付きで「これだ！」と決め打ちをせず、色々な可能性を考えることだ。偶然の閃きで成功した事例もあるが、大半の成功事例では幅広く戦略を検討した上で、緻密な施策を実践している。
　ブランド化というと真っ先に思いつくのは、鯖・椿油・五島うどんなど特産品の商品レベルのブランド化であろう。しかし、教会群も含めて、いずれも上五島にだけ存在するわけではなく、他地域のブランドと競合して

いる。単純に広告宣伝などで露出を増やすだけでは、競合と差別化するのは困難だ。

商品ブランドを差別化するには、それぞれに意味的価値を持たせたり、他の商品と複合させたりすることが有効だ。意味的価値とは、たとえば単純に「おいしい鯖」で売り出すのではなく、エコロジーの視点から意味づけするなどである。また、上五島には複数の魅力的な商品があることから、椿油と教会群を組み合わせるなど、複合型の商品を開発すると良い。

商品だけではなく、地域レベルのブランド化も考えるべきだ。地域のブランド化では、一般に特産品や観光地など強みを発展させるアプローチを採ることが多いが、強みが少ない上五島では、弱みを活かしていくことも検討したい。

本州から離れていることから、滞在型の観光地としてブランド化する。たとえば、椿油と教会群を組み合わせた「癒しの聖地」、実際に旅行者に環境保護活動を体験してもらうエコツーリズムの展開などである。

検討課題

- 自社では、ブランドを資産ととらえて、ブランド構築の主体的な取り組みをしているか。
- 自社の事業・商品は、顧客にどのように認知されているだろうか。
- 商品のブランドは、識別機能・品質保証機能・意味づけ・象徴機能を十分に果たしているか。
- ターゲット顧客を明確にして、明快なブランド・コンセプトを定義しているか。
- ブランドを評価・統制し、新鮮な状態を保つように努めているか。
- ブランド拡張によって、ブランド・エクイティを最大化するよう努めているか。

第5章
生産財のマーケティング

　マーケティング理論・技法は、消費財を意識したものが多いが、生産財には消費財と違った特徴があり、特徴に応じたマーケティングを展開する必要がある。CRMやESIを中心とした生産財のマーケティング戦略の考え方と技法、近年の課題を考える。

ケース「ウシダモーター」

　ウシダモーターは、1946年創業の小型モーターの専業メーカーである。小型直流ブラシ付モーターでは国内最大のシェアを誇る。直近の売上高1,406億円である。

　創業当初は、磁石を使ったマグネットモーターで玩具市場を開拓し、1960年代以降、オーディオなど家電製品に顧客を広げた。以後、高度成長期には家電・ＡＶの普及を追い風に事業を拡大してきた。

　ウシダの経営基本方針は、「小型モーターの専門メーカーとしてその社会的ニーズを的確に把握し、それに即した製品をより早く、より安く、安定的に供給する体制の確立をはかる」である。そして、具体的な方針として「汎用性を重視した製品の開発と最適生産条件の整備」を掲げている。

　低価格を実現するには、セットメーカーのニッチな個別ニーズに対応するのではなく、汎用品をターゲットに標準品を提供するのが良い。標準品を少品種大量生産することで、規模の経済性が働く。

　しかし、典型的な受注生産品であるモーターは、標準化に向かないと思われてきた。部品であるモーターの需要は、セットメーカーからの個別の注文によって決まるからだ。実際にウシダでも、創業から1960年代まで、主力の玩具用モーターではセットメーカーの要望を受けてカスタマイズしていた。

　ウシダは、ここに計画的な見込み生産の発想を持ち込み、コストリーダーシップを実現した。そのきっかけは海外生産であった。ウシダは、1964年に香港ウシダを設立し、海外生産に着手した。1969年に台湾に進出し、この2拠点を中心に海外生産を主体にする体制を整えた（現在、国内生産はゼロ）。

　標準品の見込み生産を行うウシダにおいて、営業担当者が果たすべき役割は、市場を調査し、市場が求めているものは何かを具体的かつ正確

にフィードバックすることである。営業担当者は、購入量の多い代表的なセットメーカーを選んで、その技術部門の担当者を集中的に訪問する。他社のように、見込み客を訪問して売り込むということはしない。

営業担当者は、収集した情報を基に「開発要求書」を作成し、社内にフィードバックする。営業部門と開発部門が合同で「開発・改良戦略会議」を開催し、開発案件を検討する。市場性と自社の事業領域を勘案した上で、この会議で開発案件をまとめて、開発の可否を経営トップが判断する。顧客の御用聞きに徹する他社の営業と違って、ウシダの営業は開発担当者の役割も担っている。

こうして小型モーターで圧倒的な地位を築いたウシダだが、近年、戦略が岐路を迎えている。

まず、海外の低価格メーカーの技術力が向上し、ウシダと競合するようになっている。一部のメーカーでは、顧客のカスタマイズ要求に応じながら、ウシダに近い低価格を実現するようになっている。

さらに2000年以降、ウシダの上得意先である日本の電機メーカーが新興国メーカーとの競争に敗れて衰退した。ウシダは、従来の電機セットメーカーに加えて、自動車のパワーウィンドウ用部品など製品の多角化を進めた。

ただ、自動車メーカーは、電機メーカーよりもはるかにカスタマイズ要求や原価低減要求が厳しい。日本では、自動車メーカーがモデルチェンジをする場合、コンセプトメーキングの初期段階から部品メーカーと共同で開発を行っており、ウシダの営業スタイルとは相いれないものがある。

自動車部品の売上は順調に拡大し、全社売上高の7割を占めるまでになった。しかし、自動車部品は手間がかかるうえ、利幅が薄い。そのため、かつてウシダは売上高営業利益率が25％以上という驚異の高収益を誇ったが、利益率は大幅に低下している。

1 QCDからマーケティングへ

◆生産財のマーケティング

　世の中の商品は、大きく**消費財**と**生産財**に分類することができる。消費財は、消費者が自身の生活のために購入する商品であるのに対して、生産財は、企業が最終消費財を生産するために購入する商品のことをいう。

　生産財といっても多岐に渡り、さらに以下のように分類できる。

- **資本財**……工場などに据え付け、固定され、会計上、固定資産として計上される設備。工作機械などがこれに該当する。
- **部品・半製品**……最終商品の一部となるものである。ボルトやナットのような組み立て部品もあれば、コンデンサーやモーターのように、それ自体が一定の機能を発揮するような構成部品もある。
- **原料**……ある物品を作るもとになる材料のことである。石油化学製品を作るためのナフサなどがこれに該当する。
- **消耗品**……商品の一部にはならないが、生産活動のために必要となるもの。ペンキ、潤滑油、事務用品などがこれに当たる。
- **サービス**……生産活動を支える無形の活動。データ処理や工場の清掃などがこれに当たる。

　生産財は、多くの面で消費財と違った特徴がある。顧客も異なる。生産財を提供するメーカーは、そうした特徴・違いに応じたマーケティングを展開する必要がある。

　第1章から第4章までは、どちらかというと消費財を想定した説明が多かったのに対し、本章では生産財のマーケティングについて検討していく。

◆ QCD による成功と転落

　生産財を提供するメーカーの現状を簡単に振り返り、生産財のマーケティングが必要とされるようになった背景を確認しよう。

　日本はモノづくりの国といわれ、製造業は国際的に競争力がある。その製造業などに生産財を提供する生産財メーカーも、また高い競争力を持つ。その強さとは、もっぱら生産面の革新による高度な **QCD**（Quality 品質、Cost コスト、Delivery 納期、需要の3要素と呼ばれる）であった。

　戦後、日本のメーカーは、低賃金と円安による低価格を売り物にアメリカなど諸外国へ輸出攻勢を掛け、戦後復興をけん引した。さらに高度成長期から1980年代にかけて技術力を上げて、高品質の商品で世界市場を席巻するようになった。

　しかし、1990年代以降のグローバル化で新興国のメーカーが低価格で世界市場に参入すると、日本のメーカーは急失速した。近年は、新興国メーカーの技術力が向上し、日本メーカーの品質面の優位性もなくなり、多くの産業が存亡の危機に立たされるようになっている。

　もちろん、生産財といっても幅広く、電子部品、工作機械、高機能素材のように、今日でも高い国際競争力を維持している業種もある。ただ、全般的にはQCDを中心にした戦略が行き詰まり、QCDだけでは勝てないという状況になっている。

　QCDをレベルアップする必要がなくなったわけではないが、「より良いものをより安く」という戦略の見直しを迫られている。

❷ 生産財の特徴とマーキング

◆生産財の特徴

　まず、商品としての生産財の特徴を確認しておこう。生産財には、以下

のような特徴がある。

- 専門性が高い。企業が行う生産活動は、技術的に複雑であり、その生産活動に使用する生産財も専門性が高くなる。工作機械のように、顧客が専門的な知識・技能を持っていないと、満足に使いこなせないという生産財が多い。
- 他の商品と組み合わせて使用することが多い。専門的かつ複雑な顧客の事業活動を支援するには、単独の商品では役に立たないことがある。したがって、コンピューターをサーバーと繋いだり、周辺機器に組み込んだりするように、システムとして提供する場合が多くなる。
- 高額のものが多い。バネや小型モーターのような低価格のものもあるが、とくに資本財の場合、億単位の金額になることもある。
- 長期間に渡って利用される。原材料のように、短期間しか利用しないものもあるが、生産現場のクレーンのように、何十年という長期間に渡って使用するものもある。

◆生産財の顧客

　生産財のマーケティングでは、生産財の顧客の特性を知ることが大切だ。生産財の顧客である企業は、消費財の顧客である消費者と比較して、次のような特徴がある。

- ターゲットが狭く、大規模少数。消費財の顧客は主に個人で、日本国内で最大1億2千万人がターゲットになる。それに対して生産財の場合、法人や政府機関などの組織で、企業の場合、日本では約400万社に過ぎない。原子力発電設備のように、専門性が高く、特定の業界に特化した生産財の場合、潜在的顧客は世界でも千社に満たないという場合も珍しくない。
- 購買において分業が行われる。企業では、たとえば電機メーカーが工作

機械を購入する場合、購買部門が情報収集し、経営陣が意思決定をし、購買部門が購買の手続きを行い、生産部門が使用して活動する。このように、顧客の購買プロセスが分業化されている。それに対して個人では、分業は行われず、意思決定者・購買者・利用者が一体化している場合が多い。

- 合理的な購買意思決定が行われる。消費財は、意思決定者と利用者が一体なので、本人が満足できれば良く、合理的な購買動機は必要ない。それに対し生産財は、多数の専門家が購買に関与するので、なぜその商品を購買する必要があるのかを説明し、説得しなければならない。個人なら好き・嫌いといった感情・感覚で判断しても問題ないが、企業では経済合理的な購買動機が必要になってくる。
- 取引関係が固定化しやすい。消費財と違って、生産財は使用期間が長い。また、ユーザーは、生産財を購入すればただちに事業活動に活用できるわけではなく、生産財を使用するために、教育訓練、オペレーションの変更、周辺設備の改善や投資を必要とする。こうした手間・コスト、つまり**スイッチング・コスト**が存在することによって、良い新商品や代替品が出現したからといって、簡単にそちらに乗り換えるわけにはいかない。
- 需要が寡占化する傾向。いくら気に入った服でも毎日着ることはないし、他人と違う服を着たいというニーズが必ず生まれるように、消費財は特定の商品に需要が集中することは少なく、分散する傾向がある。それに対して、生産財は、QCDを中心にした経済合理性で良し悪しが客観的に評価されるので、ひとたび良いと評価された商品には需要が集中し、寡占化が進行しやすい。

◆生産財の販売

以上のように、生産財は、商品においても顧客においても、消費財のそれとは大きく異なる。その違いを意識して、マーケティング活動を進める必要がある。

① **基本はプッシュ**

　生産財のプロモーションはプッシュが基本である。ターゲットはある程度限られているし、商品の専門性が高いからである。

② **専門性を持つ**

　生産財は専門性が高いこと、顧客の購買担当者も専門知識が豊富なことから、商品について専門知識を持つことは必須である。とくに、顧客との接点である営業担当者に専門性がなければ、顧客の信頼を得ることができない。

③ **顧客の企業・事業を理解する**

　商品について専門知識を持つのは最低限の条件であるが、それだけでは、売る側が顧客と同じ土俵に立てたということにすぎない。さらに、顧客の企業・事業をよく理解し、顧客の実情に合った商品を提供する必要がある。

　顧客である企業は、激しい環境変化の中で事業を展開している。顧客の企業が本当に必要とするのは、自社の生産活動をレベルアップしてくれる、役に立つ商品である。

④ **適切な交渉相手を選択する**

　顧客は購買に当たって、購買担当者を中心に複数の関係者が関与する。したがって、売る側としては、適切な交渉相手を選択することが必要になる。不適切な相手にどれだけ熱心にアプローチしても、成果は上がらない。

　ここで、営業担当者がよく犯す過ちは、自分が話しやすい相手だけにアプローチしてしまうことだ。たとえば、ITベンダーの営業担当者は、話しが通じやすい顧客側のIT部門の担当者に足しげく通うが、相手は単なる技術窓口で顧客の社内で決定権限を持っていないということがある。図表5-1のように窓口の背後にいる決定権限を持つ責任者やユーザーを含めてアプローチする必要がある。

⑤ **顧客との関係づくり**

　生産財は長期間に渡って使用され、周期的に需要が発生する場合が多い。したがって、顧客との長期に渡る関係づくりをし、需要を的確に捉える必

図表 5-1　交渉相手の選択

```
          営業担当者
             ↕
      購買担当者（窓口）
   ┌─────────────────────┐
   │  ユーザー    決定権限者  │
   │  アドバイザー  ゲートキーパー│
   └─────────────────────┘
```

（著者作成）

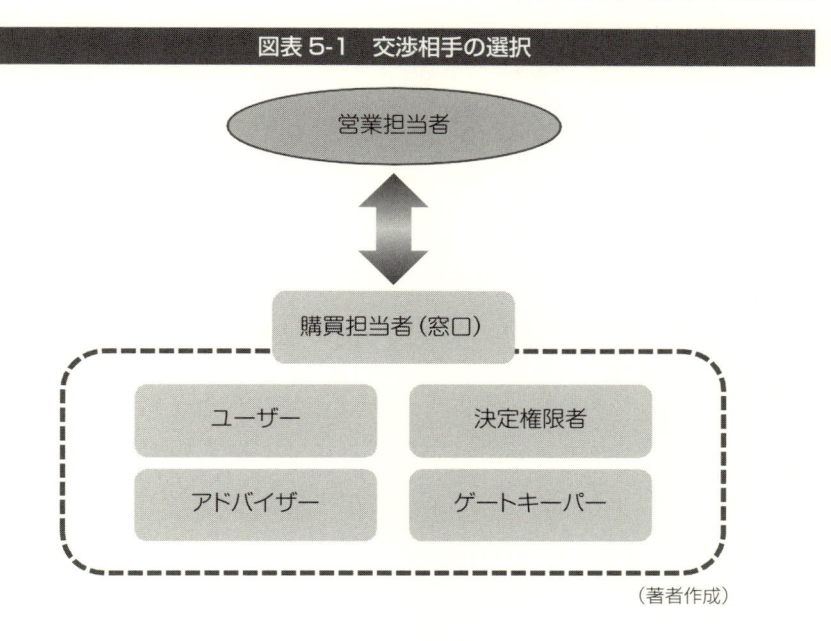

要がある。

　顧客との関係づくりというと、経営幹部や営業担当者が接待を含め、顧客側のキーパーソンと濃密な人間関係を結ぶことを想起するが、それだけではない。究極的には、顧客が生産活動あるいは広く事業活動を行う上で困ったことが起こったら、頼りにして、まっ先に相談に来てくれるかどうか、ということである。

◆ ESI 活動の推進

　生産財販売の留意点、とくに⑤を発展させた考え方として、**ESI**（Early Stage Involvement）について考えてみよう。

　顧客が生産財を購入する際、競争入札（コンペ）を実施する場合がある。とくに、1990年代半ば以降、コンプライアンスの重要性が強調されるようになるにつれ、購買・調達の透明性を高めるため、民間企業でも競争入札を実施する例が増えている。

コンペでは、どうしても入札価格の勝負になるため、競合企業の入札価格を意識して、値段を下げるということがよく起こる。こうなると、受注できたとして利益率が低く、ビジネスとして魅力に欠けるという結果になりやすい。コンペで価格競争をするのではなく、ESIを展開し、顧客と**コラボレーション**（協働、協創）することが重要になっている。

　ESIは、トヨタなどの日本の自動車産業を中心に発展してきた考え方である。ここでEarly Stageとは、デンソーなど部品メーカーの顧客である完成車メーカーが新しい自動車を開発するプロセスにおいて、構想・基本設計といった初期段階のことを指す。

　他業界では、完成品メーカーが商品コンセプトや基本設計をがっちりと固めた後、それを実現するのに必要な部品・部材の調達先を決めるためのコンペを実施する。これに対して、自動車メーカーでは、新車開発やモデルチェンジの際、系列の部品メーカーを巻き込んで、協力してコンセプトづくりから始める。

　ESIは、生産財メーカーにとっては、顧客を囲い込むメリットがある。一方、完成品メーカーにとっても、色々な関係者が知恵を出し合うことで、自社内部だけで取り組むよりも効果的な商品開発ができる。完成品を意識して部品メーカーが商品設計をするので、コストダウンも進めやすい。

　生産財メーカーがESIを実践するのは容易ではない。まず、顧客との良好な関係づくりが必要がある。顧客の技術だけでなく商品、商品だけでなく事業、ひいては企業の状況も把握している必要がある。

❸ コモディティ化の波と戦う

◆コモディティ化とスマイルカーブ

　近年、多くの生産財でコモディティ化が進んでいる。コモディティ化した商品は、比較的容易にモノ作りができるので、参入企業が増加すること、価

格だけを指標に取引ができることなどから、グローバル競争が展開され、低価格化する。取引条件ごとに値段が決まり、理論的には超過利潤がなくなるまで価格競争が続く。

バリューチェーンで見ると、コモデティ化が進んだ商品では、製造の部分の付加価値が低下する。台湾のPCメーカー、エイサーのスタン・シー会長が指摘した**スマイルカーブ**の状況である。

IT産業に典型的に見られるように、川上から川下にいたる過程で付加価値をグラフにすると、ちょうどスマイルのような曲線となる。すなわち、川上では設計開発やICなど素材産業の付加価値が高く、中間が組み立て加工で低付加価値、川下が販売、サービスで高付加価値という状況である（図表5-2）。

図表5-2　スマイルカーブ

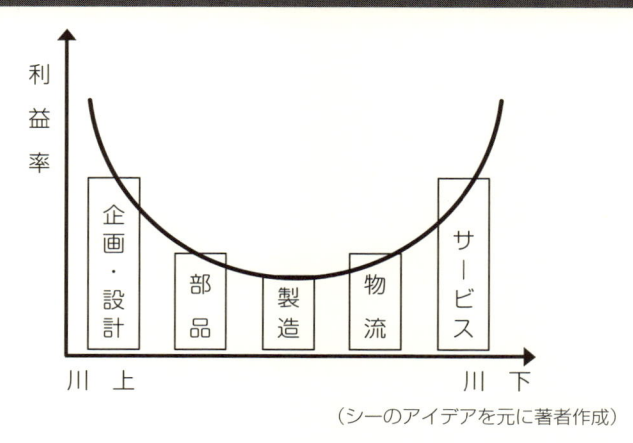

（シーのアイデアを元に著者作成）

設計よりも製造での強みを持つ多くの日本メーカーにとって、スマイルカーブ化によって、売上・利益の確保が難しくなっている。

◆コモデティ化を活用する

コモデティ化あるいはスマイルカーブ化には、いくつかの対応が考えら

れる。

1つ目は、コモデティ化の現実を受け入れて、グローバル競争に挑むことである。

コモデティ化した商品は、世界中の企業が日常的に使用するので、莫大な需要を期待できる。したがって、競合に勝つことさえできれば、利幅は薄くても大きな利益額を確保できる。

そのための方法として、**M&A**（Merger & Acquisition、合併・買収）による寡占化やコスト削減などが考えられる。鉄鋼業では、1989年に創業したインドのミタルがM&Aを繰り返して、20年足らずで世界最大の鉄鋼メーカーになり、寡占を実現した。コスト削減では、アジアなど低賃金の地域での現地生産が有力な方法である。

M&A後進国といわれた日本でも、2000年以降、M&Aによる業界再編・事業再編が活発化している。従来は破たんの危機にある企業を救済する守りのM&Aが多かったが、最近は、円高を生かして海外企業を買収するなど、攻めのM&Aが急増している。しかし、M&Aによって企業価値を高めるのは難しいようで、巨額の評価損失を計上する事例が後を絶たない。

M&Aを成功させるには、買収対象企業の実態を事前に慎重かつ客観的に評価して適切な価額でM&Aを実施するとともに、買収後は、組織文化などを含め統合作業（Post-merger integration、**PMI**）を円滑に進めることがカギになる。

海外生産の方も、円高、新興国市場の成長などを受けて、2000年以降急増している。かつては大手メーカーやそれに追随する部品メーカーなどに限られた動きだったが、最近は中堅・中小メーカーも含め、こぞって生産拠点の海外移転を進めている状況である。ただし、こちらも、海外生産によって劇的にコスト競争力を向上させたという成功事例は少数派のようだ。

海外生産を成功させるには、現地での賃金上昇や政情不安といったなど外部環境の変化に迅速に対処するほか、従業員の労務管理、現地パートナー

との協働といったマネジメント面の高度化が必要になる。

　このように、M&Aも海外生産も、日本企業にとっては歴史が浅く、決してうまく実践できていることではない。ただ、グローバルな競争に挑む上では、避けて通れない課題ではある。

　また、コモディティ化を利用した特徴的なビジネスモデルを構築することも、有効な戦略だ。その代表的な方法が、世界中から最善の調達先を選ぶ**グローバル・ソーシング**（global sourcing、IT業界でよく使われる用語だが、ITに限らない）である。

　たとえばデル・コンピューターは、コモディティ化されたPCパーツを世界から調達し、業界最高のコスト競争力と納入スピードで製品を提供することで競争優位を構築している。

◆バリューチェーンの両端で勝負する

　全般に高コスト体質にある日本企業にとって、コモディティ化を取り込んでグローバル競争に挑むのは、難易度が高い。

　そこで考えられる2つ目の対応が、バリューチェーンの両端、つまり設計やアフターサービスに注力することである。

　設計については、斬新なデザイン力がものをいう。設計に専念し、製造は他社に委託する**ファブレス**企業になる選択肢がある。

　半導体産業では、フラッシュマイコンのルネサスエレクトロニクスなど、製造も含めバリューチェーン全体を担う企業が不振を極める一方、画像処理LSIのメガチップスのように、ファブレス企業が高い収益性を維持している。

　アフターサービスも、コモディティ化への対応として有効である。生産財は専門性が高く、使用期間も長いので、アフターサービスを提供する関係を築くと、それが顧客の生涯価値（LTV）を高めるだけでなく、スイッチングコストになる。

たとえば、キヤノンは、コピー機の本体価格は抑えて、修理やトナーなど消耗品の交換といったアフターサービスで儲けるビジネスモデルを構築している。このことが、LTVを高めるだけでなく、製造面での優位性がなくなった状況でも新興国メーカーの参入を阻止する障壁として機能している。

◆意味的価値の創造

　コモデティ化に対応する3つ目の対応は、コンセプト・イノベーションあるいは**意味的価値**の創造によって競争の次元をわかりにくくすることである。

　延岡健太郎によると、意味的価値とは、顧客の側が商品に対して主観的に意味づけすることで生まれる価値、客観的数値で量的に評価ができないようなもの、あるいは顧客も気づいていないような新しい機能が提案されているものをいう。主観的価値と言い換えることができる。

　たとえば、（生産財ではないが、わかりやすいところで）アップルのiPadやiPhoneに対し、顧客は数字で表される機能やスペックによる**機能的価値**を超える価値を認めている。この付加的な価値が意味的価値である。

　コモデティ化した商品では、機能的価値ではなかなか差がつかないから、意味的価値を明確にしたマーケティングが必要になる。

　もちろん、消費者が主観的に購買を判断する一般的な消費財と比べて、企業の購買担当者らが合理的に購買を判断する生産財では、意味的価値をアピールしにくいのは間違いない。しかし、成功事例がないわけではない。

　たとえば、自動制御機器のキーエンスは、1000人以上の直販営業部隊がコンサルティング営業を展開している。営業部隊が顧客の工場に入り込んで、顧客の工場の生産ラインに合ったセンサーの使い方などを提案している。

　生産財の意味的価値は、顧客が商品を使う現場の状況・背景の中で、固

有の問題が解決される場合に生まれる。したがって、生産財メーカーは、まず顧客に接近し、顧客が自社の商品をどのように活用しているかを知ることが大切である（顧客への接近や消費財における意味的価値については、第7章でも検討する）。

ケースの解説

本ケースは、部品メーカーを取り上げて、生産財のマーケティングを考えるものである。

ウシダは、小型モーターに特化し、標準品を低価格で提供する明快な戦略で成功を収めたが、新興国メーカーの台頭、日本の家電メーカーの衰退など、事業環境は大きく変化している。

ウシダは、2000年以降、自動車メーカーを顧客開拓したが、カスタマイズ要求の厳しい自動車部品のビジネスは、標準品を強みとするウシダの事業システムとは相容れないものがある。そのため、売上高は増えたが、収益性は低下している。

収益性よりも成長性を重視して自動車部品に特化するなら、事業システム・営業スタイルを大きく変える必要がある。営業担当者が収集した情報をもとに製品化を検討するやり方でなく、営業・開発が自動車メーカーに深く入り込んで、新車開発の初期段階から顧客と共同作業をする（ＥＳＩ）。

強みを生かして収益性を高めるなら、これまでのやり方を大きく変える必要はないが、売上高の規模・成長性をどう維持するかが課題になる。自動車部品では標準品を使用する電気自動車や海外メーカーを開拓する、医療・介護など成長性の高い新分野を開拓するなどの対応が必要であろう。

ウシダの企業規模だと、両方のやり方を同時に追求するのは難しい。どちらで行くのか戦略を明確にするべきであろう。

> **検討課題**
>
> - 自社が扱う生産財は、専門性・使用年数など、どのような特徴を持っているか。
> - 自社の顧客は誰で、需要の寡占化などの特徴が表れているか。
> - 適切な交渉相手を選択し、顧客の商品利用に即した提案をできているか。
> - ESIなど、顧客との関係づくりに努めているか。
> - 自社の商品は、コモデティ化が進み、スマイルカーブが当てはまる状況か。コモデティ化が進んでいるなら、どのように対処しているか。

第6章
サービス・マーケティング

日本など先進国ではサービス経済化が進み、サービスのマーケティングが重要になっている。サービスの可視化・標準化など、サービス・マーケティングの考え方と技法を検討する。

ケース「ラーニングメディア」

　ラーニングメディアは、準大手の資格スクールである。

　ラーニングメディアの主力事業は、社会人や大学生向けの資格取得講座である。全国 12 か所に教室を設置して講座を展開しており、全社の売上高の 9 割近くを占める。この他に、企業向けの研修事業も実施しているが、あまり力を入れていない。

　ラーニングメディアが扱う資格は多岐に及ぶが、公認会計士・税理士・簿記など会計系、あるいは中小企業診断士などマネジメント系の国家資格に強い。

　2000 年以降、資格が注目を集めている。リストラによる雇用流動化を受け、「会社に頼らない生き方」を求めて資格取得に挑戦する社会人が増えている。また、最近は就職活動の過熱化から、大学生が資格取得のためにラーニングメディアのような教育機関に通う、いわゆる「ダブルスクール」が一般化している。

　市場が順調に拡大する社会人向け資格ビジネスだが、業界各社は押しなべて低収益だ。教育ビジネスは参入障壁が低いため、大小さまざまな企業が入り乱れて顧客獲得にしのぎを削っているためである。

　低収益性のもう一つの原因は、高コスト体質である。成長市場を巡る大乱戦の中で他社と差別化する要因は、大きく 2 つ。一つは社会人の通学に便利なように、ターミナル駅のそばなど至便な立地に教室を設置することである。もう一つは、質の高い講義を提供できる人気講師（"カリスマ講師"とも呼ばれる）を獲得・起用することである。いずれも、コストが掛かる話しだ。

　ラーニングメディアでも、全国主要都市のターミナル駅近くのビルに高額の賃料で教室を開設している。また、著名な講師を高額の報酬で他社から引き抜いている。売上高は業界平均並みに伸びているが、収益性は低いままだ。

講座を担当する講師は、正社員は2割で、8割が1〜2年の契約講師である。カリスマ講師が担当する講座には受講希望者が殺到するが、不人気な講師の講座は閑古鳥が鳴く。不人気な契約講師は容赦なく契約打ち切りとしているが、それがますます人気講師への依存度を高めている。カリスマ講師は、ラーニングメディアの足元を見て、契約更新時には高額の報酬を要求してくる。

　カリスマ講師は、独特の話術で受講者を魅了する。講義は拍手喝采で大いに盛り上がり、受講アンケートなどを見る限り、受講者の満足度は高い。しかし、受講者の資格試験合格率は、不人気の講師の講座の受講者と同等か、むしろ低い。おそらく、カリスマ講師は自分の世界で思い思いに講義を展開しており、必ずしも受験対策に直結していないためであろう。

　ラーニングメディアの佐藤社長は、現在のやり方では、市場の拡大に連動して売上高が増えても、収益性を高めるのは難しいと考えた。事業企画部長の坂田敦を呼んで、「今のやり方が良いのか検証し、場合によってはゼロベースで見直してほしい」という指示を出した。

❶ サービス・マーケティングへの着目

◆サービス経済化とサービス・マーケティング

　第6章までの解説では、物質的な商品のマーケティングを中心に考えてきた。しかし、物質的な商品の他に非物質的な商品であるサービスがある。コトラーは、サービスを「一方が他方に対して提供する行為や行動で、本質的に無形で何の所有権ももたらさないもの」と定義している。

　先進国では、1970年代以降、サービス経済化あるいは第3次産業化が進行している。消費者は、生きていくのに必要な物質的な商品はすでに

手に入れており、より豊かな生活を求めてサービスへの支出を増やしている。日本でも、国民の消費支出全体に占めるサービスの割合は、41.5%に達している（『平成20年度国民生活白書』より）。

それに伴って、企業のマーケティングでも、サービスが重要になっている。サービスを商品として専門的に提供している企業だけでなく、パソコンのような物質的な商品を提供している企業においても、サービスが戦略上重要になっている。

日本では、サービスというと、「無料で提供するもの」「付属的なもの、おまけ」という認識がまだまだ根強い。こうした顧客側の認識を反映して、サービス業以外では、サービスの提供を経営の重要課題と捉えてマーケティングに取り組む企業は少ない。

また、サービスは、工業製品に比べて生産・販売ともに労働集約的で、生産性が低い。サービス・ビジネスは、手間はかかる割に儲からないという、好ましくない状況にあり、抜本的な改革を迫られている。

本章では、サービスの特徴を捉えたマーケティングのあり方について考えていこう。

◆サービスの種類と特徴

一口にサービスといっても、非常に幅広く、色々な分類をすることができる。

- 物的商品の販売に付属するサービス／サービス商品として自立したサービス
  例）PC販売での初期設定サービス／カラオケ・ボックス
- 事業所向けのサービス／消費者向けのサービス
  例）IR支援／テレビ放送
- 有形サービス／無形サービス
  例）テーマパーク／生命保険

- 対人サービス / 対物サービス
  例）マッサージ / 自動車修理

　サービスには、物質的な商品と違ってさまざまな特性があり、特性に応じたマーケティングが要求される。
　コトラーによると、サービスには、無形性・同時性・変動性・消滅性といった特徴があるという。

・無形性（intangibility）
　基本的にサービスは無形であり、顧客がサービスを購入するとき、有形の商品と違って、事前に見る、味わう、触る、など知覚することはできない。顧客がサービスを利用して事後的に初めてその価値を認知できる。この特性から、顧客にサービスを知覚化できるかどうかが課題になる。

・同時性（simultaneity）
　有形の商品の場合、生産・在庫の後に販売され、その後、消費されるのに対し、サービスは、生産と消費が同時に行われる。同時性によって、生産者である企業と消費者である顧客の時間・場所のマッチングの難しいという課題に繋がる（これは消滅性とも関連する）。

・変動性（variability）
　サービスの生産側・消費側の人的要因により、提供されるサービスがいつでも同一のものになるとは限らないこと、また, いつでも同一のものと知覚されるとは限らないことをいう。異質性（heterogeneity）ともいう。物財の多くは得られる機能や効用が安定しているのと比べて、サービスでは品質管理が課題になる。

・消滅性（perishability）
　サービスは、提供時その場でのみ存在し、物理的な意味での在庫ができないことをいう。物財には物理的実体があり、在庫が可能であることと比較すると、需給をバランスさせることが課題になる。

② サービス・マーケティング戦略の確立

◆サービス・マーケティングの基本戦略

　ここからは、サービス業以外の企業も含めて、サービス・マーケティングのあり方を検討しよう。

　サービスというと、「理屈やテクニックじゃない。お客様第一で、誠心誠意、真心を込めてサービスを提供することだ」といった根性論が横行している。しかし、まずはしっかりした基本戦略を策定し、合理的・組織的にサービスを展開することが大切だ。

　戦略策定の出発点は、環境分析である。顧客ニーズや競合の状況といった外部環境を分析するとともに、自社のビジョンや基本経営戦略を確認する。サービスはあくまで、ビジョンや経営戦略を実現するための手段に過ぎず、ビジョンや基本経営戦略と整合し、一貫していることが大切だ。

　続いて、サービスの内容や提供する範囲などを決める。どのようなコンセプトのどのようなサービスをどの程度まで提供するか、といったことである。コンセプトには色々な側面があるが、「顧客の痒いところに手が届く徹底した個別サービス」を提供するのか、「幅広い顧客が低価格で気軽に利用できる簡易的・汎用的なサービス」を目指すのか、といったことを明確にする。

◆サービスのマーケティング・ミックス

　サービスの基本戦略が決まったら、マーケティング・ミックスを展開する。

　サービスでは、**7P**を展開する必要があるといわれる。つまり、従来の4Pに加え、参加者（participantsあるいはpeople）、物理的環境（physical evidence）、サービス組み立てプロセス（process of service assembly）の3Pを考慮する。

- **参加者(participants あるいは people)**
  サービスを提供する従業員には、サービスに関する知識・スキルだけでなく、好ましい態度や顧客志向が問われる。
- **物理的環境(physical evidence)**
  サービスは基本的に、見たり、触ったり、感じたりすることができない。顧客は、サービスの質を見極めるため、無形性を補うための物的証拠を求める。例えば、オフィスの入居しているビル、調度品などがこれに当たる。
- **サービス組み立てプロセス(process of service assembly)**
  サービスを提供するプロセスのこと。サービスは変動性が高いし、顧客との共同作業で生産されるので、良いサービスを提供するには、顧客と協働することがカギになる。

サービスのマーケティング・ミックスを構築する上では、以下の点に留意する必要がある。

- ビジョン・戦略と顧客満足を意識する。サービスの提供はそれ自体が目的ではなく、自社のビジョン・戦略を実現し、顧客満足を実現するために存在する。したがって、ビジョン・戦略とマーケティング・ミックスが整合しているかどうか、顧客満足の向上に貢献できているかを、常に確認しなければならない。
- サービスの無形性・同時性・変動性・消滅性という4つの特徴を踏まえ、合理的なサービスを提供する。
- 経済性を評価する。顧客満足には上限がないので、顧客満足を徹底しようとすると、過剰サービスになり、採算が取れない。サービスの原価と顧客満足などの効果を正確に把握する必要がある。

◆サービス・エンカウンター

上記の3Pと関連して、近年**サービス・エンカウンター**(service

encounter）の重要性が強調されるようになっている。サービス・エンカウンターとは、サービスを提供の際、提供企業と顧客の接点となる場のことである。営業担当者による人的接触に限らず、ATM等の機械化されたチャネルの接触も含む。

　サービス・エンカウンターは、顧客満足を大きく左右するだけでなく、顧客からのフィードバックを得ることで、サービスを改善する契機となる。サービス・エンカウンターをいかにマネジメントするかが問われている。

　顧客がサービスを評価し、顧客満足や不満足が形成される決定的瞬間となるようなサービス・エンカウンターのことを**真実の瞬間**（the moment of truth）という。1980年代にスカンジナビア航空の経営改革を指揮したヤン・カールソンの同名の著書によって、この概念が提唱された。同社では5,000万回に及ぶ旅客との接客機会があり、それぞれ1回あたり平均15秒という瞬間の積み重ねの中で、顧客の高い評価を得るために、最前線の従業員を優先した組織体制を採るなど、サービス水準の向上に努めた。その結果、飛躍的に顧客満足を引き上げることに成功し、同社が復活するカギとなった。

　ただし、顧客の目に見えるサービス・エンカウンターだけを改善すれば良いということではない。その背後になるバックオフィス、情報システム、広報機能などを充実させることによって、統合的に真実の瞬間が実現するのである。

❸ サービスの合理化

◆サービスの工業化

　目で見て確認できる物財（工業製品など）と比較して、サービスは、サービス提供者の勘と経験に頼って提供される部分が多い。そのため、物財に比べて生産性の改善が遅れている。

日本では、1980年代まで安価な労働力が豊富にあったこと、「サービスでは提供者の真心や一見無駄なことがお客さんにとって重要で、ギリギリと効率化を進めるべきではない」という考え方があったことなどから、生産性改善に真剣に取り組んでこなかった。

　しかし、生産性が低いことが長時間労働、低賃金を招き、それが従業員の離職に繋がり（厚生労働省が2012年10月に公表した調査結果によると、入社3年以内に離職する社員の割合は、最も高い教育・学習支援業と宿泊業、飲食サービス業が48％、次いで生活関連サービス業や娯楽業の45％など、サービス業で高い。全業種平均は高卒で36％、大卒で28％）、さらにサービスの質が低下するという、深刻な悪循環に陥っている。生産性の低さが顧客満足や従業員満足に悪影響を及ぼしているとすれば、看過できない問題である。

　サービスの生産性を上げるための代表的な取り組みが、セオドア・レビットが提唱した**サービスの工業化**である。サービスの工業化とは、第2次産業の製造分野でよく行われている標準化、単純化、画一化による大量生産システムといった仕組みを、第3次産業のサービス分野に導入することである。

　サービスの工業化は、機械化・自動化のようなハードの技術と作業マニュアルや運営システムの標準化のようなソフトの技術によって実現する。

　吉野家は、安部会長がアルバイトから正社員として入社した1970年頃まで、各店がバラバラのサービスを提供していた。安部会長自身、築地店で働いていた頃、常連である築地市場関係者の好みをすべて覚えて、要望がなくても汁の量を変えたりしていたという。

　吉野家は無理な出店がたたって、食材調達難と品質・味の低下が起こり、1980年事実上倒産した。これを機に、本格的にサービスの工業化に取り組んだ。

　店頭での注文から、調理、提供に至る作業を徹底的に標準化するとともに、誰が作っても同じ味が実現するよう、お玉の穴の数を47個で統一す

るなど、機器・店舗も標準化した。こうした取り組みによって吉野家は復活し、1990年代後半のデフレ不況が追い風となって急成長した。

この例のように、外食やコンビニエンスストアなど大手チェーンでは、サービスの工業化の取り組みが広く行われている。しかし、外食・小売業以外や中堅・中小企業では、まだまだサービスの工業化を推進する余地は大きい。

◆サービス・サイエンスの取り組み

近年、サービスの工業化をさらに発展させようという動きが加速している。

日本では、ラーメン店で大行列ができても、店主は「ああ、わが店も人気店になったんだなぁ」、利用客は「待たされた方が、ありがた味があり、おいしく感じられる」ということで、あまり問題にならない。しかし、行列は、企業にとっては顧客回転率の悪化、顧客にとっては時間の無駄であり、経営の大問題である。

アメリカでは、オペレーションズ・リサーチ（OR）の一分野として「待ち行列」という研究が発達している。銀行の窓口やスーパーのレジのように複数のサービス・ポイントがある場合、窓口ごとに並ぶべきか、窓口の数に関係なく一列で並ぶのが良いのか、ということを、数理モデルを用いて解析する。

「待ち行列」はほんの一例で、サービスを科学的に分析し、ITも活用して生産性を向上させようという試みが広がっている。その代表が、米IBMを中心に2002年以降唱えられるようになった**サービス・サイエンス**（service science）である。

サービス・サイエンスとは、従来、提供者の勘や経験に頼っていたサービスを科学の対象ととらえて、ORなど既存の関連学問を用いて研究し、サービスの生産性を高め、投資の評価を「見える化」しようとするものである。とくに、IT技術を駆使して、ビジネスプロセスを数学モデル化し、

サービス投入の効果やリスクの将来予測性を高め、生産性を高めようとするものである。

企業がサービスによる顧客満足を高める上でも、サービスの生産性を高める上でも、こうした科学的アプローチは必須であろう。

◆インターナル・マーケティング

サービス・マーケティングでは、**インターナル・マーケティング**（internal marketing）の重要性がよく指摘される。マーケティングの基本は、外部の市場・顧客に対する働きかける**エクスターナル・マーケティング**（external marketing）であるのに対し、インターナル・マーケティングは、従業員に対してマーケティングを展開することを意味する。

とりわけサービス・マーケティングでは、従業員によってサービスが提供され、従業員と顧客の協働がサービス品質のカギになることが多く、インターナル・マーケティングが重要である。社内のスタッフが素晴らしいサービスを提供する心構えができていないのに、素晴らしいサービスを顧客に約束することはできない。

具体的には、従業員に対して、やりがいと成長を実感できる挑戦的・創造的な仕事を与える。また、報酬や評価制度を確立して高いモチベーションを与える。これだけだと人的資源管理と変わらないが、顧客満足を重視した経営方針を明確に示し、顧客志向のマインドとサービス精神の高い従業員を育成する。

インターナル・マーケティングによって、従業員が仕事に誇りを持てば自然と質の高いサービスが提供されるようになり、顧客満足度が高まり、そのことでリピーターが増え、最終的には企業の利益につながる。

東京ディズニーリゾート（TDR）の成功は、インターナル・マーケティングによる高い**ES**（Employee's Satisfaction、従業員満足）によって説明できる。

TDRでは、アルバイトを含む従業員を「キャスト」と呼び、ショーを演

出する出演者と位置付けられている。来園者により幸せな体験をしてもらうために、ディズニーの理念と「SCSE」という考え方をキャストたちに徹底している。SCSEとはSafety（安全性）、Courtesy（礼儀正しさ）、Show（ショー）、Efficiency（効率）の略である。キャスト同士が互いの素晴らしい来園者対応をメッセージカードの形で交換し合い、その内容によってスピリット受賞者を決める「スピリット・オブ・東京ディズニーリゾート」のように、マニュアルを超えるサービスを提供することを奨励している。

　こうした施策によって、スタッフは、自分たちが来園者に夢を与え、TDRを形作る一員であることを認識し、高いモチベーションと満足感をもってサービスを提供している。

ケースの解説

　本ケースはサービス・マーケティングのあり方を考察するものである。

　サービス産業の特性として、ラーニングメディアのように労働集約的で、低収益なことを指摘できる。属人的・非合理的なサービスを提供し、生産性が改善されていない。サービス経済化に伴い売上高は増えても、収益性はなかなか上がらない。

　まずラーニングメディアは、基本的なビジョンと戦略、つまり、「顧客満足とは何なのか？」を真剣に見つめ直す必要がありそうだ。現在、ラーニングメディアは、受講者が「カリスマ講師の面白い講義を受けて楽しかった！」という満足感を提供している。しかし、それで受講者の試験合格率が低く、ラーニングメディアも低収益という状態で良いのだろうか。一つの考え方として、「受講満足度」よりも「試験合格率で業界ナンバー1」を目指すという方向性がある。

　もしも、ラーニングメディアが「合格率ナンバー1」を目指すなら、ビジネスモデルを抜本的に見直す必要がある。

　まず事業のブランド化を検討する。現在、ラーニングメディアではブラ

ンド化を意識していない、あるいは講師のブランド力に依存している。これを事業ブランドを中心に据えるよう変更する。

　提供するサービスを標準化する。各講師が思い思いに講義を行うのではなく、カリキュラム、教材、講義進行などを徹底的に標準化・単純化・マニュアル化する。

　この新しい方針を講師陣に伝え、反発するカリスマ講師との契約を解除し、マニュアルに沿って教えることができる講師を新規に契約・採用する。受講者からの個別のニーズに応える講師の対応力は低下するが、本部に専門性の高いスタッフを常駐させて、プログラム開発と受講者からの質疑などに対応するようにする。

　プロモーションでは、講師の名前を前面に出さず、「とにかく受かるラーニングメディア」をコンセプトに、合格への近道であることをアピールする。

　このやり方は、カリスマ講師の限界がなく、事業の展開力がある。体制が整ったら、全国主要都市に教室を一気に展開する。そうすることで、属人的なやり方をする他社を一気に引き離すことができるだろう。

　もちろん、受講者の満足度アップを目指し、講師の質にこだわる従来のやり方を深化させる方向性もある。その場合は、低収益性と展開力の低さをどう克服するかが課題だ。ウェブ講義の展開が思いつく方法だが、他社も実施しており、有効性は疑問である。

検討課題

- 自社が提供するサービスは、無形性・同時性など、どのような特徴があるか。また、特徴に応じた顧客対応を実施しているか。
- ビジョンや基本戦略に整合した合理的な 7P を展開しているか。
- サービス・エンカウンターの重要性を認識し、バックオフィスなどを含めて改善に努めているか。
- 自社のサービスは、十分に生産性が高いか。生産性を高めるためにサービスの工業化やサービス・サイエンスに積極的に取り組んでいるか。
- インターナル・マーケティングに取り組み、従業員満足とサービス品質の向上を実現しているか。

第7章

マーケティングの新しい展開

近年、グローバル化、IT化といった環境変化に伴い、新しいマーケティングの課題が指摘されるようになっている。本章では、代表的な環境変化とそれに対応する新しいマーケティングの考え方・技法を紹介する。

ケース「リンゾイル・チャイナ、大星総経理」

　大星佳男は中国・天津市にあるリンゾイル・チャイナの総経理（日本で言う社長）を務めている。親会社のリンゾイルは、日本の石油元売り大手である。

　日本の石油市場は、1990年代後半をピークに需要減少が続き、石油各社にとってグローバル化や多角化が急務である。リンゾイルの工業用潤滑油の主要ユーザーである日本の自動車メーカーは、1990年代から生産拠点のグローバル化を進めている。

　天津市では、1990年代から日系自動車メーカーの進出が相次ぎ、巨大な産業集積が形成されている。リンゾイル・チャイナは、こうした機会を捉えようと、現地石油会社との合弁で2005年に設立された。

　中国は、2000年代後半に、生産台数・販売台数とも世界最大の自動車市場になった。今後も、世界の自動車産業の中心であり続けることが確実である。こうした追い風を受けて、現地の日系自動車メーカーは、生産台数・販売台数を着実に伸ばしている。

　リンゾイル・チャイナは、今年で設立7年目を迎えた。工業用潤滑油を生産し、日系自動車メーカーなどに販売している。従業員は900名である（うち日本からの出向社員は8名）。

　当初の事業計画では、まず日系自動車メーカーで足場を固めて、それを足掛かりに現地自動車メーカーや他の製造業に拡販し、さらにゆくゆくは民生用の潤滑油にも事業を拡大しようという展望を持っていた。10年後には売上高200億円、当期純利益40億円を達成し、事業として完全に一本立ちする予定であった。

　しかし、業績は芳しくない。まだ7年目とはいえ、売上高119億円、当期純損失4億円と計画を大きく下回っている。

　計画を達成できていない原因として、大星は、①現地潤滑油メーカーが台頭し、価格競争が激しくなっている、②品質は良いが高コスト体

質、③営業力が弱く、非日系自動車メーカーや他産業への展開が進んでいない、という分析をしている。

　リンゾイル・チャイナでは、日系自動車メーカーの厳しい品質要求に応えるため、品質を第一に生産体制の整備に努めてきた。最新鋭のブレンディング装置を導入し、日本式の生産管理を導入した。日本式の管理は、生産プロセスだけでなく5Sなど従業員教育にも及ぶ。

　当初は、日本式の生産管理が現地採用の工員になかなか受け入れられず、品質は安定しなかった。工員の離職率が高く、組合との摩擦も多発した。しかし、工員・組合と粘り強く対話を続けていくうちに、徐々に会社の方針に納得してもらえるようになった。

　こうした努力の結果、日本国内の工場に近い品質水準が実現した。工場の管理レベルも工員の技術レベルも向上した。改善の風土も根付き、労使関係も安定してきた。

　ただし、現地の潤滑油メーカーに比べると、高コストである。原因は、①工員・幹部クラスともに社員数が多く、人件費の負担が大きい、②製造設備の減価償却の負担が大きい、③ベースオイル（潤滑油を製造する基本原料）を日本から輸入しており、転送運賃の負担がある、④販売量が少なく、固定費が薄まっていない、などである。

　なお、日系自動車メーカー以外への営業は、現地パートナー企業に委ねているが、コストの問題や現地パートナーの営業力が弱いことから、顧客開拓は進んでいない。

　近年中国の事業環境は厳しさを増している。まず、現地の潤滑油メーカーが力を付け、日系自動車メーカーに食い込むようになっている。

　中国では一人っ子政策の影響で、すでに質の高い労働者は不足気味で、人件費が高騰し、生産拠点としての魅力は薄らいでいる。

　大星は、前任者と同じく生産技術部門出身で、3年前に赴任した。来月日本で開催されるリンゾイルの経営会議で、当社の今後の方針についてプレゼンしなければならない。

1 IT化とマーケティング

◆ IT化の進展

近年の環境変化で注目される動きにIT化がある。

1990年代以降、急速にIT（情報通信技術）の普及・活用が進み、社会のあり方を大きく変えている。当然、マーケティングを含め、ビジネスのあらゆる側面に大きな影響を及ぼしている。蒸気機関の発明を契機とした18世紀の産業革命は、農業・工業のあり方を根本的に変えたが、IT化はこれに匹敵する大きな革命だといわれる。

ここでは、マーケティングにおけるITの活用、今後の可能性や課題などについて検討しよう。

今日、IT関連の話題を耳にしない日はないが、そもそもIT化のメリットは何だろうか。多様な側面を持つITであるが、マーケティングと関連が深いのは、以下のような点である。

- **大容量性**：大量のデータを保存・処理できる
- **高速性**：データを高速で処理し、伝達・共有できる。
- **即時性**：地理的に離れた相手とも、データを即時に伝達・共有できる。
- **正確性**：正確にデータを処理できる。
- **低コスト**：上記の取引メリットを低コストで実現できる。

これらITの力を取り込むことによって事業のスピードがアップし、人間の限界を超える複雑な業務を正確に処理でき、コストが下がる。

◆ ITを基軸にマーケティングを見直す

大切なのは、マーケティング・プロセスのすべての局面において、IT化が可能かどうかをゼロベースで見直すことだ。

よく保守的な経営者・管理者からは「IT は経営を良くする手段であって、経営の目的ではない。いたずらに IT 化を進めて、IT に振り回されるようではいけない」という発言をたびたび聞かされる。たしかにその通りなのだが、逆にこうした大義名分にとらわれ過ぎて、IT 化がなかなか進んでいないのが、日本企業の現状ではないだろうか。

 商品の受発注や在庫管理のように、人手に頼るよりも明らかに IT を活用した方が効率的なオペレーションについては、1990 年代後半以降、ずいぶん IT 化が進んだ。プロモーションでは、ホームページの開設やメールマガジンの発行といったことが常識化している。しかし、それ以外の領域では、他の先進国の企業に比べて、日本企業は IT 化でずいぶん遅れを取っている。

 次節以降で紹介するように、IT は、市場調査、マーケティングの仮説構築や商品開発など多くの分野で活用できる。単に人手を使わずに済むというだけでなく、人間では到底なしえない高度な作業を行うことができる。

 しかも、IT 化は現在も進行・加速している話で、今後も現時点では思いもつかない活用が実現する可能性が高い。したがって、経営者・管理者は、IT 活用の可能性を排除しないことが大切である。

◆データマイニング

 まず、IT 化によって、第 2 章で紹介したマーケティング・リサーチのあり方が大きく変わっている。その代表が 1990 年代から始まった**データマイニング**（data mining）である。

 データマイニングとは、データベースに蓄積された大量のデータから意味のある特徴を抽出するデータ分析手法のことである。高度な演算処理能力を持つコンピューターを活用し、機械学習や統計、人口知能といった分野の技術を応用し、情報探索・アルゴリズムを用いるのが特徴である。

 以前からコンピューターを使った統計的分析は行われていたが、以前は、調査者がまず仮説を作ってそれを検証する目的で統計的分析を行ったのに

対し、データマイニングでは、説明変数の選択を自動的に行うなど、帰納的に結果を導き出すことが特徴である。

データマイニングの成功事例として著名なのは、アメリカの Osco Drugs という大手小売チェーンで「顧客がビールと紙おむつを同時に買う」ということが発見されたことである。解釈としては、「子供のいる家庭では、母親はかさばる紙おむつを買うように父親に頼み、店に来た父親はついでにビールを購入していた。そこでこの2つを並べて陳列したところ、売り上げが上昇した」というものである。

説明を聞けば「ああ、なるほど」と思うが、人間が頭で考えてもなかなかたどり着かない組み合わせであり、仮説に基づく統計ではなく、データマイニングを行うことの有効性を象徴的に示している。

◆データベース・マーケティング

最近、データマイニングは、時系列データを扱う時系列データマイニングやネットワークなど構造を持ったデータからの構造データマイニングなど応用領域を広げている。

さらに、自然言語処理技術と組み合わせることで自由記述文から情報を抽出するテキストマイニングの技術も急速に発達している。テキストマイニングは、ブログやツイッターの情報を分析するのに活用されている。

データマイニングを発展させた**データベース・マーケティング**（database marketing）も、急速に発達している。データベース・マーケティングとは、自社の顧客属性や購買履歴をデータベースとして蓄積、管理し、そのデータベースの分析に基づいて個々の顧客に合わせたマーケティングに活用するプロセスのことである。

代表的な適用事例は、アマゾン（Amazon.Com）などネット販売での推薦システムである。推薦システムでは、ユーザーの過去の行動履歴をもとに、類似した行動を取る別のユーザーの嗜好（興味・関心など）を予測する協調フィルタリングという技術を活用している。

◆ビッグデータ

　フェイスブックのようなSNSの発達・普及、あるいはセンサーの普及などによるユビキタス化によって、市場から入手できるデータ量は爆発的に増加する傾向にある。こうした傾向をマーケティングに活用しようという最新の動きが、いわゆる**ビッグデータ**（big data）である。

　ビッグデータとは、従来のデータベース管理システムなどでは記録や保管、解析が難しいような巨大なデータ群のことである。ビッグデータは、ただ情報量が多いというだけでなく、さまざまな種類・形式が含まれる非構造化データ・非定型的データであり、日々膨大に生成・記録される時系列性・リアルタイム性のあるものを指す場合が多い。

　たとえば、ホンダでは、ドライブ情報サービス・ネットワーク「internavi」を2002年から運用し（現在、会員数150万人）、2003年から「internavi」装着車の走行データを共有することにより、渋滞を回避し、目的地へより早いルート案内を行う「フローティングカーシステム」を導入した。主要幹線を対象とするVICS（Vehicle Information & Communication System）を補完し、現在、毎月約1億kmのデータが積み上がっている。2011年8月現在、蓄積した走行データは15億km（地球約37,500周分）に達する。ホンダでは、このビッグデータを分析・活用して、情報サービスの高度化を進めている。

　今までビッグデータは、収集・管理・分析できないため、見過ごされてきた。しかし、ITや分析技法の発達によって、そうしたデータ群を活用し、新しい市場機会、売り方などを発見する可能性が高まっている。

◆商品開発への活用

　ITは、市場調査だけでなく、第3章で紹介したマーケティング・ミックス（4P）のあり方を抜本的に変えつつある。最初は商品である。

　IT化によって、多彩なIT関連サービスが現れている。プロバイダー、ウェ

ブ制作のような直接的なサービスだけでなく、セキュリティ・サービスなどIT化をサポートするサービスも広がっている。

こうしたIT関連サービスを扱う企業だけでなく、一般の企業の商品開発プロセスも、IT化によって変貌を遂げつつある。

商品開発では、昔も今も、開発担当者の勘と経験に頼った人海戦術が主流である。しかし、ITの活用によって開発担当者の能力の限界を超える、画期的な商品開発が可能になった。

第一三共など日本の製薬会社9社は、世界最高速級のスーパーコンピューター「京（けい）」を使って創薬に取り組むプロジェクトを2012年に発足させた。病気に関係するたんぱく質は約350種類。薬になりうる化学物質は約3000万種類。掛け合わせた組み合わせは約105億通りに達する。プロジェクトは、「京」の超高速処理能力を駆使してこのシミュレーションを行うものである。

創薬には、人手に頼るだけでなく、開発期間が数年、数十年にも及ぶという深刻な問題がある。「京」によって、今までにない独創的な薬を低コスト、短期間で開発できる可能性がある。成果が実現すれば、欧米大手が君臨してきた製薬ビジネスの業界地図を一気に塗り替える可能性がある。

象徴的な事例として「京」の活用を紹介したが、市販のパソコンでも、一世代前のスーパーコンピューター並みの能力がある。自社の商品開発プロセスの中で、人の作業をコンピューターに置き換えた方がはるかに高効率、低コスト、正確になる部分がたくさんあるはずだ。

◆プロモーションへの活用

ITが持つ大量性・即時性などを活かしたプロモーションも、急速に進化・普及している。

広告宣伝では、ホームページや電子メールを使ったコミュニケーションが有効である。ホームページや電子メールによって、自社の事業や商品について、広く世界中に低コストでメッセージを伝えることができる。

しかし、ホームページは、いまやどの企業でも開設しており、ただ作るだけではあまり効果はない。一方的に企業がメッセージを伝えるだけでなく、顧客の意見をくみ取るような双方向型の仕掛けが期待される。

その点、ツイッター（Twitter）やフェイスブックのようなSNSは、オープン、リアルタイム、強い伝播力、自由度の高さなどから、さまざまな形で広告宣伝に活用することができ、企業の関心を集めている。

フジテレビの子供番組に登場するキャラクター「ガチャピン」はツイッターのアカウントを持ち、10万人を超えるフォロワーがいる。ガチャピンは、番組の宣伝や「おっはよう」「もう寝よう」といったつぶやきを発している。これはほんの一例で、さまざまなSNSの使い方が広がっている。

人的販売の効率・効果を高める上でもITの活用は有効だ。その代表的な技法が、**セールスフォース・オートメーション**（Sales Force Automation、SFA）である。

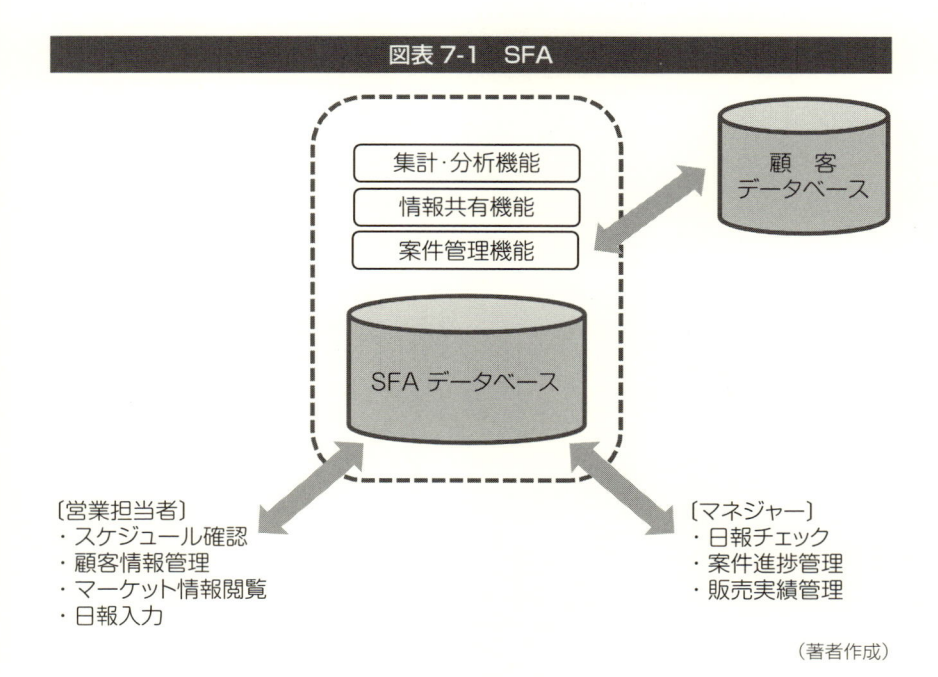

図表7-1 SFA

- 集計・分析機能
- 情報共有機能
- 案件管理機能

SFAデータベース

顧客データベース

〔営業担当者〕
・スケジュール確認
・顧客情報管理
・マーケット情報閲覧
・日報入力

〔マネジャー〕
・日報チェック
・案件進捗管理
・販売実績管理

（著者作成）

SFAは、顧客情報や商談情報、日報などの営業活動に必要な情報をデータベースで一元管理し、後方支援するためのシステムのことである。SFAによって営業業務が効率化するだけでなく、営業担当者個人に属人的に止まっていた有用な情報をシステムで共有化することで営業活動を高度化することができる。とくに近年は、スマートフォンなど携帯端末をベースに、営業の出先で高度な情報活用を行うSFAが進化している。

❷ グローバル・マーケティング

◆グローバル・マーケティングへの注目

　1990年代以降、共産圏の崩壊や前節のIT化の進展などが相まって、グローバル化が急速に進展している。企業経営におけるグローバル化とは、事業展開の範囲が国内から世界に広がり、人・モノ・カネ・情報といった経営資源が国境を越えて移動する状態を意味する。

　かつて国際的な企業というと、総合商社や電機・自動車・精密機器など輸出型製造業であった。しかし、近年、国内で事業活動を展開している企業にもグローバル化の影響が及んでいる。業種や事業範囲に関係なく、グローバル化を意識したマーケティング活動が求められるようになっている。

　グローバル化に対応したマーケティング活動のことを**グローバル・マーケティング**と呼ぶ。グローバル・マーケティングは、近年の日本企業の重要課題になっている。

　メディアでグローバル化が喧伝されていることもあり、「これから、時代は中国だ」といった経営者の直感で海外進出をする企業が目立つ。あるいは、「日本市場が縮小し、海外に出ていくしか、生き残りの道はない」「取引先の完成車メーカーが海外移転したから、黙ってついて行くしかない」といった諦めで、受動的に海外展開を余儀なくされている企業も少なくない。

しかし、勘や経験が働きにくい海外で、勘・経験に頼ったマーケティングがうまくいくはずがない。また、世界中の企業が機会を求めてしのぎを削る中、いやいや出てきた志の低い企業が勝てるとは思えない。

　グローバル化に成功し、長期的に発展している企業は、よく考え抜かれたグローバル・マーケティングを展開している。勘と経験よりもロジックを重視し、受け身でなく計画的・主体的に活動している。

　もちろん、グローバル・マーケティングといっても、地理的な活動範囲が日本国内から世界に広がるだけであって、第6章まで説明してきたマーケティングの基本が変わるわけではない。

　ただ、日本国内で事業展開するのとグローバルに事業展開するのでは、事業環境の違いなどから、異なる対応が求められるのも事実である。

◆グローバル化で何を目指すか

　グルーバル・マーケティングで何より大切なのは、何のためにグローバル化を目指すのか、どの程度までグローバル化を目指すのか、というスタンスを明らかにすることだ。

　一口にグルーバル化といっても、その実態は実に多様だ。グローバル化の発展段階をいくつかに分類することができる（以下は、大石芳裕の考えを若干修正して紹介）。

〔第1段階〕　本国でやってきたビジネススタイルをそのまま持ち込む。かつての先進国企業のやり方。

〔第2段階〕　本国のビジネススタイルを現地のスタイルに合わせて修正して持ち込む（**現地適合化**）。ラーメン・チェーンの味千は、アジア各国でのフランチャイズ展開に当たり、基本の豚骨ラーメンの味は守ることを条件に、焼き鳥など各地のニーズに合ったメニューを取り入れることを認めている。

〔第3段階〕　基本的に現地のスタイルで事業展開する（**現地化**）。たとえば、

マンダムは、所得水準が低いインドネシア市場を開拓するに当たり、日本で約500円する香水を小分けして、1個3円程度の小袋にして、しかも屋台で売っている。

〔第4段階〕　世界標準化と現地適合化の良いところを組み合わせる（複合化）。中国でのセブンイレブンは、日本流の店舗オペレーションを基本にしながらも、店内調理によるできたて弁当という日本にはないスタイルを取り入れて、中国式のセブンイレブンを作り出している。

〔第5段階〕　現地適合化をイノベーションまで高め、それを世界に向けて横展開する。いわゆる**リバースイノベーション**。米ゼネラル・エレクトリック（GE）は、インド市場向けにインドで開発された心電図検査セットを欧米に持ち込んで販売した。このGEの成功から、リバースイノベーションがグローバル化の究極の姿として注目されるようになった。

　まず、自社のグローバル化がどの段階にあり、いつ頃までにどの段階を目指すのかを確認する必要がある。業界によって発展段階に違いがあるし、同じ業界でもどの程度までグローバル化を目指すかは各社でまちまちだ。

　発展段階というと、より高い段階を目指すべき、最終的には第5段階に到達しなければいけないという印象を持たれるかもしれないが、そうではない。グローバル化が最も進んでいるとされるアメリカのグローバル企業でも、必ずしも第5段階を目指しているわけではない。段階が進むほど収益性が高まるというわけでもない。

　要は、自社の経営目標や経営資源などを客観的に認識・把握し、身の丈に合ったグローバル化を進めるべきである。

◆国・地域の実情を知る

　グローバル・マーケティングの展開に当たっては、展開する国・地域の実情を正確に把握することが重要だ。

　国によって、政治体制・法規制・人口動態・宗教などマクロ環境や顧客

の趣味・嗜好・ライフスタイルや流通機構など市場環境に国内とは違いがある。その違いが、マーケティングのあり方を左右する。

とりわけ、市場拡大が続く新興国への展開には注意を要する。2000年代以降、成長セクターとして**BRICs**（ブラジル、ロシア、インド、中国）が世界の注目を集め、とくに中国・インドには日本企業も殺到している。年間所得が3,000ドル（約24万円）未満の低所得層である**BOP**（Base of the Pyramid）の開拓が重要テーマになっている。

しかし、派手なニュースとは裏腹に、必ずしも成果が上がっていない企業が多いようだ。その原因として、市場ニーズの違いを十分に把握できていないこと、2012年の尖閣諸島問題に代表されるように、政治・宗教・歴史などのリスクに適切に対応できていないことを指摘できる。

味の素では2000年、インドネシアで「味の素」の原料にイスラム教でタブーとされている豚肉が使用されているという噂が流れた。材料として豚の成分を使用してはいなかったが、発酵菌の栄養源を作る過程で触媒として豚の酵素を使用していたことが判明し、現地法人の社長が現地当局に逮捕された。そして、味の素商品は同国の食料品店から姿を消した。味の素は2001年2月に全商品の回収を終了し、触媒を変更した。それによって当局から販売許可が下りた。社長も無事釈放され、製造販売を再開することができた。

最終的に味の素は事業を通常通り再開できたが、宗教面でのリスクを代表する事例である。日本では想像がつかないほど宗教の影響が大きい国が多いので、注意を要する。

◆進出前と進出後の調査

調査・分析する事象は、項目的には第2章で紹介したもので良いだろう。ただし、国内を対象に実施するのとは違った留意点がある。

まず、これから海外に進出する準備段階では、実際に現地へ行って、市場・顧客を見ることを勧めたい。

市場規模・成長性・法規制・競合企業の概況といった基本情報は、インターネットやJETROなど公的機関を通して、日本国内でもかなりのことを収集できる。他にも、商社・銀行・会計監査法人など国際ネットワークを持つ企業やコンサルティング会社に依頼すれば、さらに踏み込んだ情報を入手することができよう。

　しかし、海外展開をすべきかどうかを判断するには、それだけでは不十分だ。実際に現地へ行き、顧客と会って話しを聞く。顧客が商品をどのように利用しているかを見る。それによって、肌感覚・現場感覚を持ち、確固たる判断をすることができるのだ。

　さらに、現地で事業展開を始めた以降の段階では、現地での情報ネットワークを形成・維持することが欠かせない。

　日本企業の特徴として、日系の商社・銀行・商工会議所、顧問弁護士・会計士といった関係先の輪、厳しい表現をすると「日本人村」に閉じこもり、現地でのネットワークが広がっていないという問題がある。

　しかし、本当に情報を持っているのは、「日本人村」の住人ではなく、やはり現地の人たちだ。現地のパートナー、顧客、現地当局などと関係を深め、重要情報がタイムリーに入ってくるようにする。もちろん、ただ「情報をくれ」だけではダメで、相手に情報提供するなど、与えるものもないと関係は長続きしないだろう。

◆グローバル・マーケティングの展開

　現地で実際にマーケティング・ミックスを実行する段階では、以下の点に留意する。

　第１に、世界標準化と現地適合化・現地化の使い分けを明確にする。

　一般に、世界標準的なやり方、日本のやり方、現地のやり方のどれかを選択するのではなく、それらを融合させることが多い。ここで、どれに重点を置くのかという方針が不明確だと、現場が混乱し、組織的な行動を取ることができない。本社との役割分担を含めて、方針を明確化するべきで

ある。

　ただし、ひとたび方針を決めたらずっと固定的であるとは限らない。メーカーでは、日本国内の研究所やマザー工場が商品開発や生産技術確立といった事業のコアを担い、海外工場は低コストの生産を担うだけ、という関係が多い。しかし、海外の技術レベルが上がってきたら、そういう関係を見直すことを考慮する。

　第2に、経営のスピードを上げる。

　成熟した日本など先進国の市場と違って、新興国市場は変化が激しい。ジャカルタ、ホーチミンといったアジアの都市は、訪問するたびに姿を大きく変えている。こうした激しく変化する市場で成功するには、変化をいち早く捉えて、機動的に対応することが欠かせない。

　経営のスピードというと、物理的な作業を手早く実行することを想起しがちだ。しかし、実際に時間がかかっているのは、何をどのように実行しようかを考える意思決定の段階である。とくに、日本企業の海外現地法人は、重要な意思決定については日本の本社にいちいちお伺いを立てるという運営をしている場合が多く、現地企業はもちろん、諸外国からの進出企業に比べても著しくスピード感に欠ける。

　意思決定のスピードを上げるには、事業展開をする現地拠点に可能な限り権限移譲し、少なくとも顧客対応などは現地の判断で実施できるようにすること。そのためには、自分で考え、決められるような人材を育てることが必要になる。

　ダイキンが競争の激しい中国のエアコン市場で成功したのは、世界標準化と現地適合化の使い分けや経営のスピードアップがうまく行ったためだと考えられる。ダイキンが中国に進出したのは1996年とパナソニックなどライバルに比べ後発だったが、短期間で「空調のベンツ」として成功した。

　低価格の現地メーカーとの消耗戦を強いられる日欧メーカーが多い中、ダイキンはハイエンドの市場をターゲットにした。そして、ダイキンが世

界で最初に手がけた、一つの室外機で各部屋の室内機を動かす、という最先端の商品を投入した。こうして商品開発は日本が担う一方、代金前払いという回収方法や代理店展開に代表されるように、売り方は徹底して現地化を推し進めた。

　また、中国現地法人に権限委譲し、経営のスピードアップを実現した。当初、現地で営業担当者を募集しても、営業経験のまったくないズブの素人の応募しかなかった。そこで、即座に日本からエース級の営業担当者を次々と出張扱いで派遣して貰い、彼らが中国人の営業担当者に同行し、現場で営業ノウハウを短期間で教え込んだ。

❸ ソーシャル・マーケティング

◆マネジリアル・マーケティングからソーシャル・マーケティングへ

　ここまで説明してきたマーケティングは、基本的には、利益の最大化を目指す伝統的な**マネジリアル・マーケティング**であった。それに対し、近年、**ソーシャル・マーケティング**が叫ばれるようになっている。

　ソーシャル・マーケティングという考え方は、コトラーが1971年に発表した。当初、コトラーが意図したのは、マネジリアル・マーケティングの技法を政府・学校法人・非営利団体などに適用し、効果的なサービス提供を実現することで、「非営利組織のマーケティング」とも呼ばれた。

　その後、ソーシャル・マーケティングの内容が進化し、より幅広い意味で使われるようになっている。ウイリアム・レイザーが提唱したソーシャル・マーケティングは、これまでのマーケティング行動に社会対応が欠如していたという反省のもとに、社会的利益に価値を置こうとする考え方である。

　アメリカでは、1970年代の消費者運動や公民権運動の高まりを背景に、社会的価値を意識したマーケティングが模索されるようになった。日本で

も、オイルショックを経た1980代、地球環境問題や企業の不祥事がクローズアップされた1990年代を経て、徐々にソーシャル・マーケティングが浸透しつつある。

ここでは、レイザーの考え方を発展させる形で、最近のソーシャル・マーケティングの展開と課題を見ていこう。

◆コンプライアンスへの取り組み

最近のソーシャル・マーケティングの有力な動きが、CSRマーケティングである。**CSR**（Corporate Social Responsibility）とは、企業が利益を追求するだけでなく、事業活動が社会に及ぼす影響を意識して、利害関係者（ステイクホルダー、stakeholders）に対する責任を果たしていくことを意味する。

CSRには色々な側面があるが、まず企業に求められるのが**コンプライアンス**（compliance 法令順守）である。

日本では、1990年代以降、食品表示偽装問題、総会屋への利益供与、談合など、コンプライアンスを巡る問題が多発した。コンプライアンスに違反すると、企業イメージが悪化し、商品が売れなくなるだけでなく、顧客との信頼関係や社会における企業の存立基盤を損なうことになる。

法規制には、公正な企業活動を維持するための**経済的規制**と国民の社会的生活を守るための**社会的規制**がある。1990年代以降、経済活動の効率を高めるため、経済的規制が緩和される一方、コンプライアンス違反の多発を受け、消費者や環境の保護を目的に、社会的規制が強化される傾向にある。

企業は、高度化・厳格化する社会的規制に十分配慮し、以下のような対策を実践する必要がある。

- 経営者や広報・IR部門を中心に利害関係者とのコミュニケーションを深める。

- コンプライアンス担当部署を設置し、コンプライアンスをチェックする社内体制を整える。
- 業務手順・業務マニュアルを整備し、その「見える化」を進めることで、透明性の高い事業活動を行う。
- 従業員にコンプライアンス教育を実施し、コンプライアンスを意識した事業活動をするよう促す。

とくに、顧客との接点を担う営業担当者は、立場上どうしても不正を犯しやすい。顧客からのフィードバックを受けるなど透明性を確保するための仕組み作りが大切だ。

◆社会価値の創造へ

コンプライアンスは、企業が社会の一員として存続する上で当然の責務だが、法令さえ順守すれば十分なのか、という疑問がある。先進企業では、近年、単なる受動的なコンプライアンスを超えて、社会価値の創造に積極的に貢献しようという動きが増えている。

マイケル・ポーターは、CSRを発展させ、**CSV**（Creating Shared Value）という概念を提唱している。CSVとは、企業が地球環境、エネルギー、貧困といった社会問題の解決に繋がる商品の提供と事業の競争力強化を両立させることである。

たとえば、旅行大手のエイチ・アイ・エスは、カンボジアやラオスなどアジア地域でのボランティア活動に参加できるツアーを企画・販売している。参加者は、孤児院と交流したり、学校の設備修復を手伝ったりといったさまざまな活動を通し、貧困問題の解決に貢献できる。

こうした新しいCSRマーケティングでは、企業がその潜在能力を発揮し、顧客価値のみならず、より大きな社会価値を増大させることが求められるようになっている。

第7章　マーケティングの新しい展開

◆グリーン・マーケティング

　ソーシャル・マーケティングの一つの考え方として、**グリーン・マーケティング**がある。地球環境問題の深刻化にともない、グリーン・マーケティングが注目されるようになっている。とくに、ワンガリ・マータイ（ケニアの環境活動家、ノーベル平和賞受賞）によって、「MOTTAINAI（モッ

図表7-2　コニカミノルタのグリーン・マーケティング

活動方針	活動内容	
お客様の環境負荷低減活動の推進	製品：グリーンプロダクツの訴求、販売 ソリューション：出力機器の運用を一括受託し、最適配置を実現するソリューション「Optimized PrintServices（OPS）」を中心とした、ドキュメント環境での最適化をサポート	
中期環境計画2015に沿った環境負荷低減活動の継続	物流 CO_2 削減	
	需要予測による需給調整・在庫配置、最適な輸送ルート・手段の運用、積載率・車両回転率の向上、物流拠点の最適配置、動静脈物流の統合化など	
	包装材の削減	
	本体・消耗品の包装材・パレット・発泡スチロールなどの回収・再資源化・循環利用、サービスパーツ等の簡易包装化・循環利用など	
	社有車に使用する燃料の削減	
	距離効率の最大化、エコカー（低燃費）、エコドライブ、台数削減、運行管理システム、ＴＶ会議活用など	
	回収リサイクルの最適化	
	回収リサイクル体制の再編、消耗品を中心としたパーツリユース、再生機・中古機展開など	

（コニカミノルタのホームページより）

タイナイ）運動」が世界に広がったことは象徴的である。

　グリーン・マーケティングは色々な意味で使われるが、大きく2つの方向性がある。

　一つは、企業がマーケティング活動を展開する上で、環境に負荷をかけない活動を行わなければならないとする考え方である。具体的には、有害物質の排除、ゴミの削減、物流の効率化、リサイクル可能な仕組みの構築などがある。

　コニカミノルタは、図表7-2のようなグリーン・マーケティングを展開している。

　もう一つは、環境に負荷を掛けないというだけでなく、環境を改善するような商品を販売しようという動きである。

　伊藤忠商事は「モッタイナイ運動」に参画し、毎日新聞社などとともに資源循環型のブランド商品開発を利用しライセンスビジネスを開始した。リサイクル原料などを使ったネクタイや風呂敷、家具、肥料、伝統工芸品、ケニアの女性によるフェアトレード商品の「もったいないサンクスバンド」、「サンクスバッグ」などを世界に販売している。

　他にも、自然環境の保護に責任を持つ旅行であるエコ・ツーリズムなど、グリーン・マーケティングの技法を取り入れる事例は着実に増えている。

◆計画的陳腐化の是非

　グリーン・マーケティングの展開において大きな問題になるのが、**計画的陳腐化**である。

　計画的陳腐化とは、買い替え需要を促進するために、計画的に商品の寿命を短縮化することをいう。計画的陳腐化には、次の3種類がある。

- **物理的陳腐化**……商品寿命をあえて短く設計し、一定期間に達したら使えない状態にすること。家電製品などで行われている。
- **機能的陳腐化**……品質・性能面で優れた新商品を投入することによって、

物理的にはまだ使用可能な既存商品を陳腐化すること。ソフトウェアのアップグレードや自動車のモデルチェンジはこれに該当する。
- **心理的陳腐化**……デザインやスタイルが異なる新商品を投入することによって、機能的に満足いく状態でも、消費者の心理面で陳腐化を進めること。アパレル商品などで広く行われている。

　売上高・利益の拡大を目指すマネジリアル・マーケティングでは、計画的陳腐化は重要な商品政策である。実際に、上記の例だけでなく幅広い業種で、何らかの計画的陳腐化が行われている。
　グリーン・マーケティングの立場からは、計画的陳腐化は批判の的である。もっと長期間使える商品をあえて陳腐化させるのは、限りある資源の無駄遣いであり、廃棄物の増加による環境面への悪影響も無視できない。計画的陳腐化を糾弾する声は強まっている。
　ただし、企業が計画的陳腐化を中止するべきかどうかは、判断が難しい。
　まず、計画的陳腐化が一概に悪いわけではない。機能的陳腐化によって、逆に地球環境への負荷が減ることは多い。たとえば、燃費や環境性能の良い新車に買い替えることによって、ガソリンの消費量とNOxやCO_2の排出量が減少する。
　とくに、家電のように、リサイクルが発達している業界では、廃棄物による環境負荷が小さいので、買い替えによるメリットの方が大きい可能性が高い。
　また、現実問題として、自社だけが計画的陳腐化を中止しても、競合するメーカーも同調しないと、自社から競合に需要が移動するだけで、環境にとってはプラスにならない。
　したがって、計画的陳腐化の中止を企業の良心に訴えるだけでは、事態は好転しない。中止のメリットがある商品を洗い出し、立法などの手立てを打つなど、行政と業界を挙げた対策が必要であろう。

4 顧客への接近と経験価値アプローチ

◆成熟市場の時代

　日本など先進国の市場で起きているさまざまな変化の中で、企業のマーケティングに直結するのは、市場の成熟化であろう。

　日本では、戦後復興と高度成長期を経て 1968 年に GDP が世界 2 位になり、名実ともに経済大国となった。1973 年 1980 年の 2 度のオイルショックを契機に成長が鈍化し、バブル崩壊後はデフレ不況、低成長が続いている。近年は少子高齢化が進み、2005 年以降は人口が減少局面に入った。こうして、今日、日本は典型的な成熟市場になっている。

　成熟市場では、消費者は生きていく上で必要なものをすでに持っており、簡単に物が売れない。ただ、すべてのものが売れないわけでなく、他の消費者と違ったものを求める個別ニーズに対応した商品は売れる。また、第 6 章でも検討したように、より豊かな生活を求めて、サービスへの支出の割合が増える。

　企業の技術水準が均質化し、顧客が性能・スペックに求める機能的価値よりも、意味的価値が重視される。意味的価値を重視した消費のことを意味的消費という。意味的消費は、商品を消費する場合に、こだわりのある生活スタイルや考え方と関連した消費のことである。単なる機能や効能、利便性だけではなく、個人のこだわりや趣味、希少性、商品コンセプトへの共感などを重視した消費のことであり、**記号的消費**ともいう。

　いま、成熟化や人口減少というかつて経験のない変化に直面し、企業には新しいマーケティングが求められている。

◆ CRM の展開

　市場拡大が止まった成熟市場では、新しい顧客を獲得するのが難しくなり、獲得した顧客を維持することが大切である。顧客の新規獲得には、顧

客維持の数倍の費用が掛かるといわれており、新規獲得より顧客維持に注力した方が、マーケティングの効率ははるかに上がる。

　成熟市場では、顧客ニーズが多様化し、多彩なセグメントが現れる。さらに成熟化が進むと、一人一人、一社一社の顧客の異なるニーズが顕在化する。この状況では、大量生産・大量消費を前提とした**マス・マーケティング**はもちろん、セグメントをカバーする**セグメント・マーケティング**（第2章で検討したS→T→Pのこと）もなかなかうまく行かず、個別の顧客、いわゆる個客のニーズに対応する**ワントゥワン・マーケティング**（One-to-One Marketing）が重要になってくる。

　ワントゥワン・マーケティングの推進に有効なのが、CRMである。CRMは、顧客接点での情報を統合管理し、顧客との長期的な関係を構築し、商品の継続的な利用を促すことで収益拡大を図る経営手法である。

　CRMでは、年齢、性別、趣味、嗜好といった顧客情報、あるいは購入・利用履歴だけでなく、苦情や意見、要望といった問合せ履歴など、企業とのあらゆる接点でのデータを収集する。顧客別のニーズ、ウォンツ、購買行動パターンなどを分析し、顧客の特性と満足度の要因を捉え、個客に合わせた関係構築を進めていく。

　CRMによって顧客ロイヤルティーを高め、顧客の離反を防ぐことができる。

　なお、大量の顧客情報を管理するにはITの力が必要で、一般に、CRMのためのITシステムを構築することになる。

◆商品概念の進化―ソリューション、コンサルティング

　成熟市場では、技術が成熟化し、各社の技術の平準化も進む。このことは、商品概念のあり方に大きな変化をもたらす。

　近年、ITビジネスなど企業の現場で注目されているのが、商品単体の供給から、**ソリューション**へ、さらには**コンサルティング**へと商品概念が進化・拡張する動きである（図表7-3）。

図表 7-3　商品概念の進化

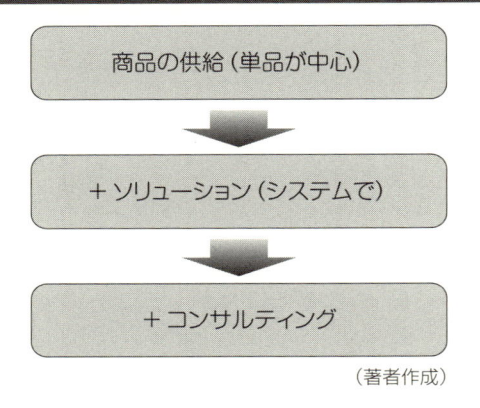

```
商品の供給（単品が中心）
      ↓
＋ソリューション（システムで）
      ↓
＋コンサルティング
```

（著者作成）

　市場に商品が導入された初期段階では、企業は単品で供給する。たとえば、コンピューターの場合、最初はコンピューターを単体で販売する。顧客はコンピューターを利用して、演算処理・ワープロなど中核的な便益を享受する。

　しかし、コンピューターが普及し、ビジネスや生活で日常的に利用するようになると、顧客はより高度な利用を求めるようになる。商品を利用して顧客のビジネスや生活の問題を解決することを**ソリューション**という。多くの場合、単独の商品では高度なソリューションを提供できないので、企業は、周辺の商品、関連商品と組み合わせて**システム**としてソリューションを提供する。コンピューターの場合、ソフトウェアを組み込んだり、ネットワークやプリンターと繋いだりして、コンピューター・システムを構築する具合である。

　さらに、市場が成熟化し、顧客が商品の高度な利用を目指すと、企業は**コンサルティング**を通してソリューションを提供するようになる。ソリューションとコンサルティングの違いについては色々な見解があるが、対処すべき問題を顧客がどこまで認識しているかによる。

　たとえば、ある部品メーカーにおいて、受発注・在庫管理などの非効率

に対してサプライチェーン・マネジメント（SCM）のITシステムを構築しようとしたとき、ITに専門性を持つベンダーにシステム構築を依頼したら、そのベンダーが提供するのはソリューションである。これに対し、部品メーカーが受発注・在庫管理などにいろいろ問題があるのだが、何が問題になっているのかわからない状況で、ベンダーに問題を定義するところから共同で作業することを依頼する場合、そのベンダーが提供するのはコンサルティングである。

このコンピューター・ITの例に典型的に見るとおり、一般に、PLCに従う形で、単品の供給から、ソリューションへ、さらにはコンサルティングへと競争の舞台が移る。

ただし、コンサルティングの方が儲けやすいとか、コンサルティングを展開しないと生き残れない、というわけではない。IT業界を見ても、ソリューションやコンサルティングで勝負する企業が数としては多いが、マイクロソフトやインテルのように、圧倒的な商品力があれば、単品の供給でも十分に勝負することができる。

◆「顧客の声を聞く」ことの功罪

モノがあふれている今日、**プロダクトアウト**ではなく、**マーケットイン**の発想が必要である。そこで、市場機会を捉えるためには「顧客の声を聞く」ことを重視する企業が増えている。**VOC**（Voice of Customer）と呼ばれることもある。

企業では、新しいマーケティング戦略を展開するに当たり、VOCを求めて大規模な市場調査・顧客調査を行うことが多い。しかし、手間・時間・費用を掛けているわりに、あまり有効ではないようだ。何が問題なのだろうか。

マーケティングの常識的・伝統的なアプローチは、市場調査によって「なぜ売れないか？」という理由を探し出し、商品や売り方を改善するものである。

例えば、新しいチョコレートを作る場合、消費者モニターに試作品を試

食してもらい、「甘さは適切ですか？」「食べやすさは？」「量は？」「値段は？」「ネーミングは？」と質問を浴びせる。そして、「売れない理由」、例えば、「甘みが強すぎる」という意見が出たら、甘さを抑えた商品を作る。

しかし、「売れない理由」を潰していけば売れるようになるかというと、どうもそうではなさそうだ。社内的には「顧客の声に真摯に対応しました！」ということで認められるのだが、とりあえず「悪口を言われない商品」が出来上がっただけだ。それは特徴のないつまらない商品であって、消費者の心には響かないだろう。

消費者が求めるのは、積極的に「買いたい理由」のある商品である。不満がないことではなく、消費によって満足を得たいのだ。

◆経験価値マーケティング

では、「買いたい理由」を創り出すにはどうすれば良いか？ そこでマーケティングで近年注目を集めているのが、**経験価値マーケティング**あるいは経験アプローチである。

経験価値マーケティングとは、商品の消費者・利用者がその商品を使ってどのように満足を得ているか、どのように問題を解決しているかという経験を観察し、その結果を商品や売り方など、マーケティング・ミックスの改善に役立てるものである。

チョコレートで最近ヒット商品といえば、ネスレの「KitKat」と江崎グリコの「GABA」である。ともに、経験価値マーケティングによって成功を説明できる。

KitKatは、九州の学校や受験塾で教師が受験生に「きっと勝つ」に掛けて激励に渡したことをきっかけに、人気に火がついた。これは、消費者が偶然に特殊な経験を生み出したものだが、GABAの場合、メーカーがもう少し意識的に経験価値マーケティングを実践している。GABAは、サラリーマンが残業時などオフィスでチョコレートを食べて一息入れる経験を想定し、チョコレートに含まれるリラックス効果や抗ストレス効果を生

むアミノ酸の一種「GABA」をそのまま商品名にし、従来なら定番だった紙ベースのパッケージを、サラリーマンが机の上にも置けるような縦長の缶やサプリメント風のアルミパウチ入りを販売した。

　「買いたい理由」を創り出すには、顧客の心理と行動をよく理解しなければならない。そのためには、個々の消費者・利用者の体験をじっくり観察することが有効で、消費者・利用者をマスと捉える市場調査は、あまり意味をなさないだろう。

　経営資源が豊富な大企業ほど、金を掛けて大規模な市場調査を行い、その結果をもとに商品の性能・品質を高める。しかし、性能・品質が上がっても、顧客の期待はそれほど高まらない。明らかに、常識的なアプローチは壁に突き当たっている。経験価値マーケティングがすべての商品に有効だとは言わないが、"反常識のアプローチ"が期待されていることだけは間違いないのではなかろうか。

◆次への期待感

　顧客のことを考え、顧客の声に耳を傾け、顧客ニーズに真摯に対応することが大切だといわれてきた。しかし、経験価値マーケティングについて考えると、最終的にマーケティングとは何なのか、という議論に行きつく。

　村田昭治は、『マーケティング・ハート』の中で、マーケティングの本質について、次のように述べている。

『いま競争のなかで成功している企業は競争に勝とうとする会社ではありません。「顧客満足」のクリエイトをトライしている会社です。競争に勝つというのは顧客満足を得ることであり、その顧客満足は何かというと不平、不満、不快感がないことをいうのではなく、次への期待感を大きくすることだということです。』

　つまり、企業が顧客の「不満をつぶす」のではなく、「次への期待感を大

きくする」のがマーケティングの役割なのである。

ケースの解説

　本ケースは、グローバル・マーケティングのあり方を検討するものである。

　近年、中国・インドなど新興国市場の開拓に取り組む企業が増えているが、成功の確率は低い。原因はまちまちだが、何にために、何を目標に、どのように、といった基本目標・戦略が明確になっていないことが多い。

　リンゾイルも、基本目標・戦略を明確にしないまま、顧客の中国進出に合わせて、とりあえず進出した可能性が高い。つまり、計画が大きく未達成であることから、進出に当たり、あまり市場調査を実施しなかったのだろう。日系自動車メーカー、非日系、さらに民生用という当初計画は、流れとしては自然だが、あまりに壮大で、実現性に疑問符が付く。

　リンゾイル・チャイナの今後の事業展開には、大きく二つの方向性がある。

　一つは、日本企業であるリンゾイルの出先として、日系メーカーの面倒を見るという役割に徹することである。この場合、販売量を追わず、高品質の商品で高確実に利益を上げられる体質にする必要がある。当初の売上・利益計画を抜本的に見直すとともに、不要になる販売面の現地パートナーとの関係を解消する。

　もう一つは、グローバル企業を目指すリンゾイルの中国現地での事業と位置づけることである。この場合、経営を現地化し、非日系まで幅広く顧客開拓し、事業の拡大を目指す。ベースオイルの現地調達や日本人駐在社員の削減といったコスト削減策によって、現地の競合に負けないだけのコスト競争力を身に付ける。さらに、販売力のない現地パートナーとの関係見直しや新しいチャネルの開拓にも着手する。

　現在リンゾイル・チャイナは、どちらで行くべきなのかはっきりしていない状態である。まず大星は、自社の存在意義を明らかにし、マーケティング目標・計画を作り直し、「これでやりたい」と本社の経営陣に働きかけるべきだろう。

第7章　マーケティングの新しい展開

> **検討課題**

- 自社では、ITを基軸にマーケティングの見直しをしているか。
- データマイニングなど、ITを活用してマーケティング・リサーチの高度化を進めているか。
- SFAなど、ITを活用して商品開発やプロモーションを高度化しているか。
- 自社はグローバル化のどの段階にあり、どのようなグローバル化を目指しているか。
- 進出国の状況を正確に把握しているか。進出後も、現地のネットワークを形成し、情報収集に努めているか。
- 世界標準化する部分と現地適合化する部分を適切に分けているか。現地主導でスピーディに意思決定をしているか。
- CSR、とくにコンプライアンスを意識し、公正なマーケティングを実施しているか。
- 法令違反をしないだけでなく、社会の価値を高めるマーケティング活動をしているか。
- 計画的陳腐化の是非を含め、環境保全のためにどのようなマーケティング活動をしているか。
- ワントゥワン・マーケティングなど、顧客ニーズの多様化に対応した取り組みを進めているか。
- 自社と競合の商品は、単品の供給、ソリューション、コンサルティングのどの段階にあるか。
- 顧客の声を聞いて「売れない理由」を潰すのではなく、顧客の経験を直視して「買いたい理由」を作り出すようにしているか。

第8章 成果を生むマーケティング・マネジメント

前章までで解説した理論・技法を理解するだけでなく、実際に現場で活用して成果を実現する必要がある。本書の終わりに、マーケティングで成果を実現するためのマネジメントのあり方について考える。

ケース「介護食プロジェクトの顛末」

　加工食品のヤマト食品は、外食チェーン・社員食堂・病院などの顧客に向けて業務用の惣菜を製造・販売している。

　顧客の大手外食チェーンが惣菜の内製化比率を高めていること、メーカーの事業所海外移転で社員食堂が進めていることから、ヤマト食品の売上高は減少傾向にある。

　この苦境を打開するため、ヤマト食品では2年前マーケティング・プロジェクトを立ち上げた。コンサルティング会社と契約し、コンサルタントと共同のチームで3月間に渡って新商品開発・新市場開拓を検討した。

　プロジェクト・チームが出した結論は、介護食市場への参入であった。高齢化に伴って介護食市場が拡大しているという機会、ヤマト食品は病院など関連事業者に顧客基盤を持っているという強みに着目した。成長市場である介護食市場には新規参入者が多く、競争は激しいのだが、業務用惣菜で培った低コストの生産力で十分に競争優位を構築できると判断した。

　小宮山社長から計画の承認を受け、新規事業推進部を新たに作り、早速実行に着手した。新規事業推進部の責任者には、病院関係の営業経験が長い佐々木部長が選ばれた。

　それから2年近くが経ったが、残念ながら満足な成果は出ていない。売上高は当初目標の3分の1にも満たず、大赤字が続いている。佐々木部長以下、新規事業推進部のメンバーは、必死に介護施設に訪問営業をかけているが、顧客開拓がなかなか進まない。介護施設から「品質や味は悪くないが、価格面でちょっと魅力を感じない」と拒否されることが多い。

　プロジェクト・チームの検討では、顧客である介護事業者は過当競争で収益性が低いので、低価格の介護食に対するニーズが強いと判断

した。ところが、介護事業者は外食チェーンなどと比べて事業規模が小さく、受注ロットが小さいので、想定したほど低コスト化が進まなかった。また、競争が激しい低価格帯に比べて、おいしさを強調した高価格帯の需要がこのところ堅調で、高価格帯に特化した業者の業績は順調なようである。コストや市場の選択において、プロジェクトは判断を誤った可能性が高い。

　成果が出ないことにいら立つ小宮山社長から、佐々木部長に対し「もっと精力的に営業活動をしろ」と叱咤が飛ぶ。佐々木部長が月1度の経営会議に出席し、社長らに対して市場環境の厳しさなど売れない理由を釈明するのが、この半年ほど繰り返されている。

　佐々木部長は「宮仕えの身とはいえ、とんだ役回りを押し付けられたもんだ。降格になっても良いから元の職場に戻してほしいよ」と親しい同僚にこぼしている。当初は張り切っていた営業担当者も、最近は焦りを通り越してあきらめ気味で、淡々と顧客訪問を繰り返す毎日である。

◆マネジメントが成果実現のカギ

　第7章までの記述によって、マーケティングの考え方・理論・概念、あるいは今日的課題について理解していただけたことと思う。

　しかし、企業の現場で日々格闘する読者の皆さんは、「理解できた」だけでは満足できないのではないだろうか。本書のようなビジネス書、あるいはセミナーに対しては、「理屈は分かったが、理屈だけじゃ売れない」という批判をよくいただく。

　スポーツでも、音楽でも、理解できることと実践できることには大きな隔たりがある。マーケティングでも、ビジネス書を読んで他社の優れた戦略について理解することは、それほど難しくない。しかし、自社の顧客ニーズを知り、的確な戦略を策定することは難しい。さらに難しいのは、その

戦略を組織として実行し、成果を実現することである。

　マスコミでは、斬新な商品コンセプト、ブランド、広告宣伝を生み出す天才的なマーケッター（マーケティング戦略の立案者）がもてはやされる。しかし、複雑化・高度化・大規模化した現代のビジネスでは、経営者、市場調査担当者、広告宣伝担当者といった個人の力でマーケティングの全局面を実行し、大きな成果を実現できるものではない。組織として適切にマーケティング活動を実行できるかどうか、つまりマネジメントのあり方が成果実現のカギを握っているのだ。

　よくマネジメントを「人を通して目標を達成するプロセス」と定義する。組織内外の関係者と協働することによって、個人単独ではなしえない大きな成果を実現できるところが、マネジメント活動の醍醐味である。と同時に、実行が難しく、思わぬ落とし穴にはまりやすいのも、マネジメント活動である。

　本章では、第7章までの確認を含めて、マーケティングで成果を実現するためのマネジメントのあり方について考えてみよう。次節以下、著者が考えるマーケティングのマネジメントの5つのポイントを紹介する。

　なお、第7章までは、定評のある理論・概念を中心に解説したのに対し、本章では、著者がコンサルタント活動を通して得た留意点、とくにマーケティング活動をうまく実践している企業のマネジメントの特徴を中心に紹介する。仮説レベルの話しが多くなるが、読者の企業・職場の実態にどこまで当てはまるのか、考えながらお読みいただきたい。

ポイント① マーケティングをベースにした組織文化を作る

◆マーケティングと組織文化

　マーケティングがうまく行っている企業とうまく行っていない企業には、さまざまな違いがある。その中でも著者が最も重要だと考える違いは、

マーケティングをベースにした**組織文化**が形成されているかどうか、である。経営危機に陥ったIBMを蘇生させたルイス・ガースナーなど多くの経営者が、組織文化が死活的に重要であることを強調している。

組織文化とは、その組織に特有な考え方や行動パターンのことをいう。人間一人一人に異なる性格があるのと同じように、どの企業にも特徴的な組織文化がある。

ホンダには、「やってみなはれ」という言葉に象徴されるように、高い目標を掲げて自由に挑戦する組織文化がある。このホンダの組織文化は、創業者本田宗一郎の精神・行動に端を発する。本田は若い頃、自分が制作した自動車「浜松号」の性能を確かめるために自らサーキットに参戦し、事故でリタイア、瀕死の重傷を負っている。また、ハーレイ・ダビッドソンが圧倒的なシェアを誇るアメリカのオートバイ市場に参入したり、過当競争を懸念する通産省の制止を振り切って自動車事業に参入したりした。

こうした本田の行跡が神話となって今日にホンダに受け継がれ、組織文化として定着している。バイク・自動車事業のグローバル展開だけでなく、世界初の本格的な二足歩行ロボットASIMOなど、今日でもホンダの積極的な事業展開の礎にこの組織文化がある。

ホンダに見るように、成長・発展する企業では、業種や企業規模などに関係なく、強固な組織文化が根付いている。

◆組織文化の役割

企業には、強力な組織文化を持っている場合もあれば、緩やかで不明確な組織文化の場合もある。一般に、転職が多く、多民族で構成されている欧米の企業に比べて、日本企業は強固な組織文化を持つ場合が多い。

強固な組織文化を持ち、それを従業員が共有することには、次のようなメリットがある。

• 組織全体が統一的な行動を取ることができる

- 従業員はスピーディに的確な判断を下すことができる
- コミュニケーション・コストが低下する
- 組織のアイデンティティが確立され、従業員や顧客のロイヤリティが高まる

　一方、組織文化が固定化することの問題点としては、以下の点がよく指摘される。
- 都合の悪い情報を無視・軽視し、環境変化への対応を遅らせる
- イノベーションを阻害する

◆好ましい組織文化

　企業にとって、好ましい組織文化と好ましくない組織文化がある。先のメリットが多く、デメリットが少ないのが好ましい組織文化ということになる。これをマーケティングという観点から具体的に定義し直すと、次のような特徴点になる。

　第1は、企業の外部に目を向け、市場・顧客を中心に考えるマインドである。自社の都合を最優先する内向きの姿勢の企業が目立つが、マーケティングが市場・顧客に対応する活動である以上、そういう姿勢では市場・顧客のニーズに応え、事業を発展させることはできない。自社の都合よりもまず市場・顧客に目を向けることが大切だ。

　第2は、変化を拒否せず、変化を進んで受け入れる、場合によっては変化を先取りする柔軟性である。オペレーションを効率化させるために、どうしても組織は固定化しやすいが、市場は変化するので、変化を厭わず、変化に対応して戦略と組織を変えていく柔軟性が必要だ。現実を直視する厳しさも要求される。

　第3は、スピーディに行動する姿勢である。マーケットの変化は不確実で、しかも市場を奪い合う競合がいる。この中で成果を実現するには、手続き・コンセンサスを重視して慎重に行動するよりも、多少拙速でも、

とにかく行動する方が望ましい。もちろん、それでは失敗してしまう可能性が高いので、事後的に軌道修正をすることも必須である。

◆組織文化への働きかけ

経営者・管理者は、マーケティングをベースにした組織文化になるよう、従業員（部下）に強く働きかける必要がある。

まず、組織として目指す理念やビジョンをわかりやすく部下に伝達する必要がある。伝統・実績のある一流企業だけでなく、創業から間もない企業でも、倒産寸前の企業でも、「顧客第一」「お客様の発展に貢献する」といった、もっともらしい文言の企業理念やビジョンを持っている。しかし、それらが組織文化として従業員に深く浸透し、従業員の良い行動を引き出している企業はたいへん稀だ。経営者・管理者は、機会があるごとに、理念やビジョンを伝えるべきだ。それも紋切りの伝達では効果は少なく、自分の言葉で思いを伝えることが望ましい。

さらに、組織文化を体現する神話や事例を部下に伝達し、共有する。その企業・職場での勤務経験が短い若手や転入者の場合、一度聞いたくらいでは納得できないことも多いだろうから、繰り返し伝えると良い。公式の会議や訓示などよりも、インフォーマルな場の方が効果的だ。

また、部下が組織文化に逸脱する言動を取った場合、迅速に対処する。頭ごなしに諫めるのではなく、なぜそういう行動を取ったのか、一緒に考えるようにすると良い。組織文化の方が硬直的・時代遅れになっていて、逸脱した言動の中に改革のきっかけがあったりするからだ。

こうした取り組みは、一朝一夕で成果が出てくるものではない。マーケティング戦略の立案は短期間でできるが、組織文化を作るのは数年がかりの息の長い取り組みになる。

なお、すでに好ましくない組織文化で凝り固まっている場合、上記よりももっと大掛かりな変革が必要になる。この抜本的な変革の進め方については、拙著『変革するマネジメント』を参考にしていただきたい。

ポイント2 顧客を見る、知識を広げる

◆マーケティング戦略は進化する

2つ目のポイントは、顧客を見ることと知識を広げることを組織として習慣化し、絶え間なくマーケティングを進化させているかどうか、という点である。

コンサルタントを起用して、大々的にマーケティング戦略を立案する企業をよく見受ける。しかし、往々にして、その効果は一時的なものにとどまり、数年、ひどい場合には数か月後には元の状態に戻ってしまう。なぜなら、人には慣れ親しんだ過去のやり方を続けたいという欲求があるし、顧客・市場、あるいは技術が常に変化するからだ。

マーケティング戦略は、一度立案したらお終いではない。大がかりな戦略プロジェクトに意味がないということではないが、優れた企業は、それだけでなく、環境変化に対応してマーケティング戦略を絶え間なく進化させている。

マーケティング戦略が進化するきっかけは、大きく2つある。一つは顧客からのフィードバック、もう一つは新しい知識である。

◆顧客からのフィードバック

顧客は、自社の商品を使用し、満足あるいは不満を持っている。顧客から満足や不満についてフィードバックを得ることは、マーケティングを進化させる上で非常に有益である。

第2章で確認したとおり、企業は顧客ニーズの把握に努めるのだが、これがなかなか容易でない。しかも、いったん顧客ニーズを把握できたとしても、どんどん変化していく。消費者であればライフサイクルや収入状況に合わせて、企業のユーザーであれば事業の発展段階や経営状況に応じて、ニーズを変化させる。

大規模な市場調査・顧客満足度調査を実施しても、その効果は一時的なものにとどまりがちだ。それらが必要ないというわけではないが、より大切なのは、日常的に顧客からフィードバックを受けて、それをマーケティング戦略に反映させていくことだ。

顧客ニーズの変化をとらえる上で中心的な役割を担うのは、もちろん顧客との接点を担う営業担当者である。顧客志向のマインドと自社の事業・商品に対する問題意識を持ち、顧客との関係を維持・改善するよう精力的に活動する営業担当者がいるかどうかが、死活的に重要である。

そのためには、優秀な営業担当者を採用・起用するか、営業担当者のマインドや知識を高める教育や指導を行う必要がある。

ただ、現実には、優れた営業担当者がいないということも多いだろう。営業担当者のマインドや能力に頼るのではなく、営業担当者が顧客を見ることを強制する仕組みを作ることも考慮したい。たとえば、経営者・管理者が月単位で営業担当者から顧客の状況について報告を受けるといった取り組みは有効だ。

もう一つ、営業担当者が収集した情報を社内で放置しないことも心がけたい。せっかく営業担当者が情報を収集しても、それが社内で共有されなかったり、型どおりの報告で終わってしまうと、営業担当者は情報収集への動機づけを失う。逆に、社内で広く共有され、それに対する何らかのアクションがあると、さらに小さくても成果が生まれると、「もっと情報を集めよう」という意欲を高める。

◆知識の幅を広げる

顧客の動向を注視し、顧客ニーズの変化にしっかり対応すれば、顧客の支持が高まり、顧客満足や売上高がアップする。ただ、それだけでは、短期的にはともかく、長期的な成長・発展を保証することにはならない。なぜなら、顧客（Customer）以外の競合（Customer）やPESTに代表されるマクロ環境は絶え間なく変化するからだ。とくに、第2章で確認し

たとおり、市場の局面を大きく変える PEST の変化には注視する必要がある。

　企業が長期的に成長・発展するためには、環境変化に着目し、イノベーションを起こす必要がある。イノベーションの本質は、経営資源の新しい結合による新しい知識の創造であり、そのためには、顧客以外からも広く新しい情報を獲得し、それを既存の知識と組み合わせる必要がある。

　顧客ニーズを把握するのが「既存の知識を深化させる」ことだとすれば、PEST などの変化に着目するのは「新しい知識を探索する」ことである。企業は、このどちらかに偏るのではなく、両方にバランスよく取り組む必要がある。

　顧客ニーズの把握は営業担当者が責任を持って進めるのに対し、新しい知識の探索は営業担当者や市場調査部門だけでなく、組織全体が広く取り組んでいくことが望ましい。少数の担当者がたまに見るよりも、たくさんの人が継続的に見る方が、幅広い情報が見えてくるはずだ。

　ただ、現実には、中期経営計画立案などの節目に市場調査部門が義務的に調査を実施することはあっても、組織全体で知識の探索に取り組むことを習慣化している企業は少ない。既存の知識の深化は比較的成果を見通しやすいのに対し、新しい知識の探索は成果を見通しにくい。日常業務に忙殺されて、どうしても難易度が高く、緊急性が低い新しい知識の探索を後回しにしがちだ。

　知識の探索を組織で習慣化するには、先ほど触れた組織文化が問題になる。と同時に、自主的な活動、一見無駄に見える挑戦を許容する仕組みづくりも大切だ。新しい知識の探索は基本的に無駄の多い作業であり、合理性・効率を追求する日常業務とは相いれない面があるからだ。

　3M には、就業時間の 15% を自由な研究に使うことを推奨する「15%ルール」や就業時間外に会社の設備を使って自主的な研究をすることを認める「密造酒作り」といった仕組みがある。こうした知識の探索を促進するための仕組みによって、3M はスコッチテープやポストイットといった

斬新な新製品を生み出している。

ポイント3 仮説を作り、試す

◆良い仮説を作る

　３つ目のポイントは、収集した情報から仮説を作り、試してみること、またそれを習慣化・システム化することだ。言い換えると、組織として考え、挑戦する習慣・仕組みがあるかどうか、ということである。

　あらゆるマーケティング戦略は、基本的には将来に関する仮説、つまり、まだ正しさを証明されていない暫定のアイデアである。情報を収集するだけでなく、そこから優れたアイデアを生み出す必要がある。

　セブンイレブンでは、POSなどから上がってくる大量のデータを解析して仮説を形成し、それを実際に店舗で試すという仮説検証型マーケティングを展開している。立地によって棚の構成を変えたり、地域によっておでんのつゆの味を変えるなど、きめ細かい施策を展開することによって、１日当たりの売上高などの指標で他チェーンを圧倒している。

　マーケティングにおける良いアイデアとは、①現状からの飛躍、発想の転換があること、かつ、②適度に現実的であること、という２つの条件を満たし、最終的に顧客満足や売上増加をもたらすアイデアだ。

　たとえば、「楽天のサイトとの競合が激しくなっているから、楽天を買収してしまおう」というアイデアは、①を満たすが、②を満たしていない。「暖冬が予想されるので、冬物衣料の品揃えを拡充しよう」というアイデは②を満たすが、①を満たしていない。

◆仮説を考え抜き、議論する

　優れたアイデアを創出するには、まず、絶対的な情報量が欠かせない。アイデアはイノベーションであり、情報と情報を組み合わせることによっ

て生まれるからだ。とくに、現在保有している情報とは質的に異なる多面的な情報があると、アイデアが生まれやすい。

ただし、情報量が豊富でも、堂々巡りをするばかりで、なかなか良いアイデアが生まれないということがよくある。アイデアの創出は一筋縄ではいかない。

そこで、斬新な発想力を持つマーケッターの存在に期待が集まるのだが、これはいかがなものか。たしかに、社内に天才的なマーケッターがいれば問題は解決するが、現実にはそういう人材は稀有である。コンサルタント・広告代理店など社外専門家も、社内事情を熟知しないこと、日常的に活用できないことから、効果には限界がある。

それよりも、マーケッター以外の幅広い社内関係者が仮説を考えることだ。優れた企業では、仮説構築は非日常的な作業ではなく、組織のいたる所で日常的に取り組まれている。いろいろな人が、収集した情報や疑問に思ったことなどをきっかけに仮説を考える。

また、アイデアを発案者の胸の中に閉じ込めず、意見を開陳して議論することも大切だ。イノベーションの原理からして、一人で考え込むよりも、多人数で議論した方が、さらに良いアイデアに発展する可能性が高まる。

議論によって良い仮説構築を行うための注意点としては、第１に、不完全なアイデアの段階で議論することだ。アイデアを完成度の高いマーケティング戦略案にまで洗練させてから議論しようとすると、なかなかアイデアが出てこない。それよりも「質より量」で、少しでもキラリと光るものがあったら早々に披露して、たくさんの関係者が検討する方が、結果的に良いアイデアが生まれやすい。

第２に、自由な雰囲気で、発散的な議論をするようにしたい。ステージゲート方式では、上がってきたアイデアの完成度を厳格に審査することが多いが、それよりも「どうすればこのアイデアはものになるか？」ということを中心に議論する方が良い。そのためには、改まった雰囲気の会議で議論するよりも、インフォーマルな場で発散的に議論すると良いだろう。

職場を離れて行うオフサイト・ミーティングも有効である。

◆仮説を試してみる

　こうして生まれた仮説をどんどん試してみることを勧めたい。

　仮説はあくまで仮の説であって、絶対に正しい、あるいは間違っているということを事前に証明できない。役員会で猛反対に遭ったセコムのオンラインセキュリティ・システムやヤマト運輸の宅急便が予想に反して大ヒットした。逆に、役員全員が「これは大丈夫だ」と納得する仮説は、たいていうまく行かない。実際に試してみないと、何が正しいのかわからないのだ。

　戦略には、何らかのリスク（不確実性）が伴う。「その新商品は絶対に売れるのか？」と証明が不可能なことを延々と議論するも、まずはリスクテイクし、試してみるべきだ。バッターボックスの外でピッチャーの投球をじっくり眺め続けても、失敗はないが何も生まれない。まずはバッターボックスに立ってバットを振らないことには、ホームランは生まれないのだ。

　ただし、バットを振ることが大切だからといって、いきなり巨額の投資に賭けるのは得策ではない。巨額の投資は、失敗したときの損失が大きいし、資金的な制約からたくさんの仮説に挑戦することが難しくなる。大きなプロジェクトを何段階かに分割して、最初の段階について少額のテストマーケティングを行う。そして、多数のテストマーケティングの中から結果が良く、将来有望なものに絞って、本格的な追加投資を行うようにする。

　こうしたマネジメントによって、投資に伴うリスクを軽減しながら、たくさん仮説を試すことができるのである。

◆ダメなら撤退する

　テストマーケティングを成功させるには、だめだと判明した事業・商品から早期に撤退できることが大切だ。

　ネット広告のサイバーエージェントでは、新入社員を含めて誰でも自由

に新事業・新商品を起案することができる。失敗することが明白でない限り計画は承認され、新入社員がプロジェクトリーダーや子会社社長になることもある。ただし、「6か月後：粗利益が500万円を超え、かつ累積赤字が3000万円未満」「1年半後：粗利益が1500万円を超え、かつ累積赤字が6000万円未満」という事業継続の基準があり、基準をクリアしないと、容赦なく撤退の判断が下される。典型的な"多産多死"である。

それに対し、たいていの日本企業は、"少産少死"である。事前の審査を念入りに行い、経営陣から「よし絶対に大丈夫だ」という承認を得た少数のプランを実行に移す。

しかし、事前に「絶対に大丈夫」と思っても、実際には、不測の事態が発生したりしてうまく行かないことが多々ある。そのとき、念入りに事前審査し、広くコンセンサスを得た"有望案件"ほど、ずるずると撤退が遅れて、傷口を広げてしまう傾向がある。「よし、これで行け！」と命じた経営陣のメンツなどが、本来撤退すべき事業・商品からの撤退を阻む**撤退障壁**になるからだ。

きちんと撤退を判断できる企業は、不採算の事業・商品を抱え込む心配がないから、思い切って新事業・新商品に挑戦することができる。逆に撤退を判断できない企業は、不採算の事業・商品を抱え込まないように、事前に「絶対に大丈夫か？」と議論を続ける。どちらの企業が成長・発展するかはおのずと明らかだろう。

ポイント④ 意欲とマネジメント能力のあるリーダーを選ぶ

◆適切なリーダーを選ぶ

繰り返すが、新事業、新商品、新しい売り方といったマーケティング戦略はすべて仮説である。成功するかどうかは、基本的には確率の問題で、やってみなければ結果はわからない。

ただし、マーケティング戦略は、サイコロを振ったらおしまいというような賭けの世界とは大きく異なる。戦略を立案した後の実行段階で、十分な経営資源を投入し、適切なマネジメントを行うことによって、成功確率を高めることができる。

マネジメントの最大のカギを握るのは、人材、とくにマーケティング戦略を中心的に担う事業責任者やプロジェクト・リーダーである（以下、リーダーと表記する）。NTTドコモのｉモードが夏野剛という傑出したリーダーの活躍によって大ヒットしたように、優れたリーダーがけん引する戦略はうまく行く。逆に、どれだけ斬新で、顧客ニーズや時代のトレンドに合致した戦略・商品でも、リーダーが不在だったり、リーダーシップが不適切だったりすると、うまく行かない。

企業は、戦略を立案するのと同じくらい慎重に、戦略を実行するリーダーの人選を行う必要がある。

◆リーダー選びで犯す誤り

リーダー選びが重要であることは、世界中で大昔から繰り返し指摘されてきたことである。では、企業で適切なリーダー選びができているかというと、たいへん心もとない。リーダー選びにおいて、多くの企業が以下の２つの誤りを犯しているように見受ける。

一つは、社内での地位や序列を中心に人選してしまうことだ。

とくに伝統的な大企業では、展開する事業・商品の予想規模を勘案して、それに見合った地位・序列のリーダーを選ぶ慣行がある。「商品Ａは200億円くらいに育ちそうだから、部長クラスの役職者にリーダーを任せよう」「商品Ｂは50億円くらいにしか届きそうにないから、まあ課長クラスでも十分だろう」という具合だ。

この人選方法のねらいは、事業・商品の規模にふさわしい地位・序列の人材を起用することによって、既存の組織の秩序を維持することである。逆に、規模の小さい事業に不相応な地位・序列の高い人材を配置すると、

その事業・商品に賭ける経営陣の思いを伝え、社内に一種のサプライズを引き起こすことができる。

このように、社内での地位や序列を中心に人選には一定のメリットがあるのだが、すべて社内の事情に過ぎない。市場・顧客、とくに一般消費者は、リーダーが部長クラスなのか、課長クラスなのかということにはまったく関心ない。関心があるのは、事業・商品が自分たちにとって価値があるかどうかだけである。社内事情だけに目が行き、市場の変化、顧客ニーズに目が向かなくなっては、事業・商品の成功はおぼつかないだろう。

もう一つの誤りは、"土地勘"を重視してしまうことだ。

企業が現在の事業領域から離れた事業・商品を展開する場合、新しい領域に関する知識・経験が足りない。そのことに不安を感じる経営者は、新しい領域に関連した知識・経験、ちょっとした"土地勘"のある者を人選することがよくある。「山本課長は商社に出向していた頃に香港に駐在していたから、香港での市場開拓には適任じゃないか？」「児玉部長は若い頃に化成品メーカーに勤めていたから、新素材部品を作る今回のプロジェクトには打ってつけだ」というわけだ。

リーダーに"土地勘"があれば、新たな情報を収集する手間が省ける。事業活動に慣れるのも早いだろう。"土地勘"がないよりは、あった方が良い。

しかし、市場は日々刻々と変化し、技術は日進月歩で高度化しているので、生半可な予備知識、大昔のちょっとした経験は、実際にほとんど役に立たないだろう。本当に必要な知識・情報は改めて最新のものを収集すれば済むわけで、"土地勘"を重んじてリーダーを人選するべきではない。

◆意欲とマネジメント能力

社内の地位・序列や"土地勘"が重要でないとしたら、何を重視してリーダーを人選するべきだろうか。私見になるが、本来は重要なはずなのに多くの企業でないがしろにされているものとして、一つは意欲、もう一つは

第8章 成果を生むマーケティング・マネジメント

マネジメント能力である。

　リーダーの最も重要な要件は、事業に取り組む意欲である。事業をわがこと、自分の使命と考え、一意専心に取り組む姿勢である。

　部下や関係者は、リーダーの一挙一動を注視し、リーダーが何を考えているのかを探っている。リーダーが進んで困難に立ち向かい、命を賭けて事業に取り組んでいるとわかると、部下や関係者はそれを見てついてくる。逆にリーダーが事業に本気で取り組んでいないと察知したとき、メンバーの心は離れていく。司令官が早く戦地を離れてゆっくり休みたいと考えているとき、兵隊たちが命がけで敵に向かっていくことはありえないのである。

　もちろん、意欲さえあれば良いということではない。もう一つ大切なのは、マネジメント能力である。

　マーケティングに限らず、リーダーには部下や関係者を目標達成に向けて動機づける能力が必要だが、とりわけ新事業・新商品に取り組む場合、これが重大な意味を持つ。なぜなら、慣れ親しんだ既存事業・既存商品に取り組むのと違って、新事業・新商品の導入は苦労の連続で、リスクとプレッシャーが大きい割に、見返りが少ないからだ。部下や関係者は、なかなか取り組みに本気になれないのが普通だ。

　「損な役回りを引き受けちゃったな」といった後ろ向きの姿勢を持つ彼らを目標達成に向けていかに動機付けるかが、リーダーの最も重要な役割である。リーダーによる部下や関係者を動機づけられるかどうかで、新事業・新商品の成否は大きく違ってくる。

　リーダーによる部下・関係者の動機づけには色々な技法・留意点があるが、とくに以下3点を心がけると良いだろう。

- 事業・商品の目標と状況を示し、共有する。人は困難な状況に置かれても、全体像や立ち位置がわかり、将来の見通しが立つと、モチベーションが高まる。リーダーは、事業・商品の目標や現状を自分の言葉でわかりやすく伝えねばならない。

- 部下・関係者との直接のコミュニケーションを増やす。部下・関係者の仕事の状況や悩みを聞いて、直面している問題の解決を支援するとともに、期待を示す。
- 部下・関係者の行動と成果を正しく評価する。人は、仕事に対して自分なりの期待を形成し、周囲に認められたとき、次の仕事へのモチベーションを高める。個々の部下・関係者の行動・状況を的確に把握・評価する必要がある。

こうした意欲とマネジメント能力を持った人材を見出し、リーダーの役割を与えることができるかどうかが、マーケティング戦略の最大のカギになる。

◆リーダーに任せる

優れたリーダーを人選できたとしても、実際にリーダーが活躍し、成果を実現するまで安心できない。

まず、可能な限りリーダーに権限委譲し、主体的に活動してもらう必要がある。リーダーが事業を推進する上で十分な裁量・権限を持たせ、結果が出るまで任せるべきだ。

新しい事業・商品を成功させるには、既存の事業・商品の論理を打ち破る突出した行動が必要になる。しがらみに囚われず、斬新な発想で事業・商品を展開しなければならない。拙速なくらいのスピード感も欠かせない。つまり、新事業・新商品のリーダーは、暴走が心配になるくらいの強力なリーダーシップを発揮しなければ、成功はおぼつかないのだ。いったんリーダーとして責任を与えられたら、一国一城の主として主体的に行動するべきだ。

ここで経営陣がリーダーの事業運営に口出しすると、リーダーは経営陣の要望に応えようと、市場・顧客の方よりも、経営陣の方を向いて仕事をするようになる。そして、こうしたリーダーの姿勢を部下・関係者が察知した瞬間、彼らはリーダーを通り越して、トップがどのような意向を持っ

ているかを探るようになる。こうなると、顧客ニーズに応えられないだけでなく、組織一丸となって目標に向かって行動することができなくなる。

　ただし、経営トップは、リーダーを自由放任にしても良いということではない。リーダーから定期的に進捗状況の報告を受けるし、必要に応じてアドバイスをする。リーダーが経営トップのことばかりを気にするようになってはいけないが、経営トップは自身の経験・知識・判断力を生かして、リーダーの相談に乗っていくのだ。

ポイント 5　活力と規律を両立させる

◆活力と規律の両方が必要

　適切なリーダーを選ぶ他に、新事業や新商品の成功確率を高めるもう一つのポイントは、従業員の活力と規律を両立させることだ。

　先ほど、失敗を恐れず挑戦すること、リーダーが主体的に行動することの大切さを強調した。マーケティング戦略はスピードの勝負であり、確率の問題でもある。「これだ！」と思いたったら率先して取り組む、組織の自由と活力が欠かせない。

　ただし、これは、一か八かの戦略に賭けたり、事業を任せられたリーダーやその部下が好き勝手に行動しても良いということではない。会社全体の目標やルールに則って、規律ある行動をすることが欠かせない。また、日本企業では動機やプロセスを重視し、「結果は出なかったけど、精一杯頑張ったんだから、良いではないか」で済ます傾向が強いが、成果実現まで粘り抜くという規律も大切だ。

　マーケティング戦略で大きな成果を実現するためには、活力と規律の両方が必要である。やっかいなのは、活力と規律はなかなか両立しにくいことだ。学生サークルのノリで、思い立ったこと、好きなことにどんどん取り組む活力ある組織もあれば、軍隊のように、従業員が役割・ルールの順

守や成果実現への規律の高い組織もある。しかし、学生サークルのような軍隊も、軍隊のような学生サークルもないように、活力と規律の両方を高度に備えた企業はあまり存在しない。活力と規律の両立はハードルの高い課題なのだ。

◆評価の仕組みと現場のマネジメント

　従業員の活力と規律を高度に両立させるには、どうすれば良いか。秘策はないが、重要なのは評価の仕組みと現場のマネジメントである。

　人は、良くも悪くも他人にどのように評価されるのかを強く意識し、評価に基づいて行動を変える。従業員に活力と規律を持って活動してもらうには、活力・規律のある行動を高く評価し、そうでない行動を低く評価する。また、活力と規律が実際に成果に結びついているかどうかも含めて評価する。

　また、管理者による現場のマネジメントも重要だ。企業理念や経営者が打ち出す経営方針のレベルでは、従業員に活力と規律の両方を要求していることが多いが、現場ではなかなか徹底されていない。活力と規律のある行動を現場で徹底し、組織文化にまで高めていくためには、管理者による継続的なコミュニケーションがカギを握る。

　マスメディアで大ヒット商品のニュースを見聞きし、マーケティングに華やかな印象を持つ人が多い。しかし、マーケティングで成果を実現し、企業を成長・発展させることができるかどうかは、現場の地道なマネジメント活動がカギを握るのである。

ケースの解説

　本ケースは、マーケティングで成果を実現するためのマネジメントのあり方について検討するものである。

　営業担当者など現場の従業員は、日常業務に忙殺されて発想の転換をしにくい。大きなマーケティング戦略の転換を図るために、ヤマト食品コン

サルタントを起用してプロジェクトを実施したのは、一概に悪いこととはいえない。

　ただ、ヤマト食品に、日ごろから情報収集し、マーケティング戦略を不断に見直していく組織的な習慣がなく、起死回生を狙って今回の大型プロジェクトに賭けたとしたら、大いに問題だ。プロジェクトでの想定が間違っていたというのは当然ありうる話で、間違いが明白な戦略の軌道修正が2年間も行われていないのは、①マーケティングをベースにした組織文化がない、②仮説検証型の業務プロセスが根付いていない、③小規模のテストマーケティングを行う仕組みがない、といった問題点を示唆している。

　理想的には、プロジェクトで、マーケティング戦略を検討するのにとどまらず、組織文化や組織運営のあり方についても検討・見直しをするべきであった。

　リーダーの人選も、大いに問題だ。佐々木部長は病院関係の営業が長いという"土地勘"で新規事業推進部長に選ばれた気配が濃厚で、本当に新事業をけん引するマネジメント能力があったのかどうか疑わしい。ケース最後のコメントから、この事業に賭ける意欲も感じられない。部下の動機づけもうまく行っていない。

　小宮山社長も、佐々木部長を叱咤するだけではいけない。プロジェクトの見込み違いを率直に認めて、どうすればうまく行くのかを経営会議で話し合うと良いだろう。

検討課題

- 自社の組織文化は、どのような特徴があるか。外部に目を向け、変化を拒否せず、スピーディに行動する文化になっているか。
- 良い組織文化を作るために、理念・ビジョンの伝達など組織的に取り組んでいるか。
- 営業担当者を中心に顧客のフィードバックを常に受け入れているか。新しい知識を広げる組織的な習慣があるか。
- 仮説を考え、完成度が低い段階で議論する習慣があるか。自由な雰囲気で、発散的に議論しているか。
- テストマーケティングでたくさんの仮説を試して、だめなら撤退するという仕組みがあり、徹底されているか。
- 新事業・新商品など新しいマーケティング戦略の導入では、意欲とマネジメント能力のあるリーダーを選んでいるか。
- リーダーに権限委譲し、主体的に活動させているか。
- 従業員の活力と規律はどのような状態か。両者が高度に両立しているか。
- 活力と規律を高度に両立させるために、評価や現場のマネジメントを適切に実施しているか。

参 考 文 献

　(実務書という性格上、本文で引用した文献、実際に読者が読むことをお勧めしたい文献に限定する。また、版を重ねているものは、最新版を紹介する)

- デービット・アーカー『ブランド優位の戦略』(ダイヤモンド社、1997)
- 池尾恭一『入門マーケティング戦略』(有斐閣、2016)
- 石井淳蔵・嶋口充輝・余田拓郎・栗木契『ゼミナール　マーケティング入門』(日本経済新聞社、2004)
- 伊丹敬之『経営戦略の論理』(日本経済新聞出版社、2012)
- 井原久光・井口嘉則・日沖健『経営戦略のフレームワークがわかる』(産業能率大学出版部、2010)
- 大石芳裕『日本企業のグローバルマーケティング』(白桃書房、2009)
- 恩蔵直人『競争優位のブランド戦略』(日本経済新聞社、1995)
- ルイス・ガースナー『巨象も踊る』(日本経済新聞社、2002)
- ヤン・カールソン『真実の瞬間』(ダイヤモンド社、1990)
- フィリップ・コトラー、ケビン・ケラー『コトラーのマーケティング・マネジメント』(ピアソン・エデュケーション、2008)
- 近藤隆雄『サービス・マネジメント入門』(生産性出版、2004)
- 嶋口充輝・石井淳蔵『現代マーケティング』(有斐閣、1995)
- ドン・タプスコット、アンソニー・ウィリアムス『ウィキノミクス』(日経BP社、2007)
- 延岡健太郎『価値づくり経営の論理』(日本経済新聞社、2012)
- 日沖健『成功する新規事業戦略』(産業能率大学出版部、2006)
- 日沖健『戦略的事業撤退の実務』(中央経済社、2010)
- ナポレオン・ヒル『思考は現実化する』(騎虎書房、1989)
- マイケル・ポーター『競争優位の戦略』(ダイヤモンド社、1985)
- 村田昭治『マーケティング・ハート』(プレジデント社、1992)

さくいん

あ行

アメリカマーケティング協会……7
イノベーション……75
イノベーター理論……68
意味的価値……138
インターナル・マーケティング……151
上澄み吸収価格……83
営業担当者……101
エクスターナル・マーケティング……151
オープン・イノベーション……73・75
オペレーションズ・リサーチ……150
卸の中抜き……92

か行

開放的チャネル……87
科学的管理法……6
傘ブランド……120
カテゴリーキラー……99
カニバリゼーション……121
観察法……32
記号的消費……176
機能的価値……138
機能別戦略……10
キャズム理論……69
競争志向……77
競争戦略……10
業態……97

業態化……99
業態開発……98
口コミ……102
グリーン・マーケティング……173
グローバル・ソーシング……137
グローバル・マーケティング……164
経営戦略……10
計画的陳腐化……174
経験価値マーケティング……180
経済的規制……171
原価志向……77
現地適合化……165
現地化……165
広告宣伝……100
小売りの輪……97
ゴーイング・コンサーン……15
個客……177
顧客志向……6
顧客の生涯価値……77
顧客満足……6
コストプラス……77・81
コミュニケーション……99
コモディティ……80
コラボレーション……134
コンサルティング……177
コンセプト・イノベーション……138
コンプライアンス……171

さ行

サービス・エンカウンター……147
サービス・サイエンス……150
サービス経済化……141
サービスの工業化……149
サブ・ブランド……120
サプライチェーン・マネジメント……94
シーズ発想……73
市場……3
市場細分化戦略……9
市場浸透価格……84
システム……178
実験法……33
質問法……33
社会志向……6
社会的規制……171
需要志向……77
需要の価格弾力性……84
消費財……128
商品差異化戦略……9
商品そのもの……65
真実の瞬間……148
人的販売……100
垂直的対立……93
スイッチング・コスト……131
水平的対立……93
ステイクホルダー……27・171
ステージゲート方式……75
スマイルカーブ……135
生産財……128
生産志向……5
成長戦略……10
製販同盟……94

製品……65
製品ライフサイクル……34
セールス……100
セールスフォース・オートメーション……163
セールスフォース・プロモーション……100
セグメント・マーケティング……177
セリング……8
先行優位性……35
専属的チャネル……88
選択的チャネル……88
ソーシャル・マーケティング……170
組織文化……189
ソリューション……177
損益分岐点分析……81

た行

ダンピング……83
チャネル管理……93
チャネル・コンフリクト……93
チャネル・リーダー……87
チャネル設計……86
中核的便益……65
デ・マーケティング……83
データベース・マーケティング……160
データマイニング……159
撤退障壁……198
動機調査……34
独占禁止法……82
取引数量最小化の原理……90

な行

ニーズ発想……73

は行

排他的チャネル……88
パネル調査……33
パブリシティ……101
バリュー・チェーン……46
販売員……101
販売志向……6
非営利組織のマーケティング……170
ビジョン……10
ビッグデータ……161
ファブレス……137
フェルミ推定……38
フォロワー……51
不確実性プールの原理……90
不求品……104
普及率16%の理論……69
複合化……166
付随的サービス……65
プッシュ戦略……102
プライス・リーダーシップ制……80
ブランディング……114
ブランド……111
ブランド・エクイティ……121
ブランド・コミュニケーション……119
ブランド・コンセプト……116
ブランド・ロイヤルティ……113
ブランド拡張……120
ブランド経営……121

ブランド要素……117
プル戦略……102
プロダクトアウト……179
プロモーション……99
プロモーション・ミックス……102
ポジショニング・マップ……41

ま行

マーケッター……188
マーケット……3
マーケットイン……179
マーケティング・プロセス……14
マーケティング・マネジメント……11
マーケティング・ミックス……62
マーケティング・リサーチ……31
マクロ環境……26
マス・マーケティング……14・177
待ち行列……150
マネジメントサイクル……15
マネジリアル・マーケティング……170
見えざる資産……45
ミクロ環境……26

ら行

リーダー……80
リテールサポート……95
リバースイノベーション……166

さくいん

わ行

ワントゥワン・マーケティング……*177*

英数字

3C……*26*
3C+PEST……*26*
4P……*15*
7P……*146*
AIDA……*104*
AIDMA……*103*
BOP……*167*
BRICs……*167*
CRM……*39*
CSR……*171*
CSV……*172*
CVP分析……*81*
EDI……*95*
ES……*151*
ESI……*133*
KFS……*25*
M&A……*136*
MOTTAINAI……*173*
PEST……*26*
PMI……*136*
POP……*101*
PR……*101*
QCD……*129*
RFM分析……*39*
SMART……*52*
SNS……*37・161*
STP……*54*
SWOT……*14・48*
VOC……*179*

著者紹介

日沖 健（ひおき たけし）

日沖コンサルティング事務所・代表
産業能率大学・講師、中小企業大学校講師
1965年生まれ
慶応義塾大商学部卒、Arthur D. Little 経営大学院修了 MBA with Distinction
日本石油（現・JXTG）勤務を経て現職
専門：経営戦略のコンサルティング、経営人材育成
著書：『戦略的トップ交代』『成功する新規事業戦略』『実戦ロジカルシンキング』『問題解決の技術』『戦略的事業撤退の実務』『歴史でわかるリーダーの器』『コンサルタントが役に立たない本当の理由』『変革するマネジメント』『経営人材育成の実践』『ケースで学ぶ経営戦略の実践』など
hiokiti@soleil.ocn.ne.jp

全社で勝ち残る マーケティング・マネジメント 〈検印廃止〉

著　者	日沖　健
発行者	杉浦　斉
発行所	産業能率大学出版部
	東京都世田谷区等々力6―39―15　〒158-8630
	（電話）03（6432）2536
	（FAX）03（6432）2537
	（振替口座）00100-2-112912

2013年2月28日　初版1刷発行
2019年9月1日　2版2刷発行

印刷所／渡辺印刷・制本所／協栄製本

（落丁・乱丁はお取り替えいたします）
無断転載禁止

ISBN 978-4-382-05682-4